*

BENEDICTO XVI

LA CARIDAD EN LA VERDAD

*Sobre el desarrollo humano integral
en la caridad y en la verdad*

CARTA ENCÍCLICA
CARITAS IN VERITATE
DEL SUMO PONTÍFICE
BENEDICTO XVI
A LOS OBISPOS
A LOS PRESBÍTEROS Y DIÁCONOS
A LAS PERSONAS CONSAGRADAS
A TODOS LOS FIELES LAICOS
Y A TODOS LOS HOMBRES
DE BUENA VOLUNTAD

SAN PABLO

"Al Servicio de la verdad en la caridad"
Paulinos, provincia México.

www.sanpablo.com.mx

Primera edición, 2009

D. R. © 2009, EDICIONES PAULINAS, S. A. DE C. V.
Av. Taxqueña 1792 - Deleg. Coyoacán - 04250 México, D. F.

Impreso y hecho en México
Printed and made in Mexico

ISBN: 978-022-612-022

INTRODUCCIÓN

1. LA CARIDAD EN LA VERDAD, de la que Jesucristo se ha hecho testigo con su vida terrenal y, sobre todo, con su muerte y resurrección, es la principal fuerza impulsora del auténtico desarrollo de cada persona y de toda la humanidad. El amor —« *caritas* »— es una fuerza extraordinaria, que mueve a las personas a comprometerse con valentía y generosidad en el campo de la justicia y de la paz. Es una fuerza que tiene su origen en Dios, Amor eterno y Verdad absoluta. Cada uno encuentra su propio bien asumiendo el proyecto que Dios tiene sobre él, para realizarlo plenamente: en efecto, encuentra en dicho proyecto su verdad y, aceptando esta verdad, se hace libre (cf. Jn 8,22). Por tanto, defender la verdad, proponerla con humildad y convicción y testimoniarla en la vida son formas exigentes e insustituibles de caridad. Ésta « goza con la verdad » (1 Co 13,6). Todos los hombres perciben el impulso interior de amar de manera auténtica; amor y verdad nunca los abandonan completamente, porque son la vocación que Dios ha puesto en el corazón y en la mente de cada ser humano. Jesucristo purifica y libera de nuestras limitaciones humanas la búsqueda del amor y la verdad, y nos desvela plenamente la iniciativa de amor y el proyecto de vida verdadera que Dios ha preparado para nosotros. En Cristo, la *caridad en la verdad* se convierte en el Rostro de su Persona, en una vocación a amar a nuestros hermanos en la verdad de su proyecto. En efecto, Él mismo es la Verdad (cf. Jn 14,6).

2. La caridad es la vía maestra de la doctrina social de la Iglesia. Todas las responsabilidades y compromisos trazados por esta doctrina provienen de la caridad que, según la enseñanza de Jesús, es la síntesis de toda la Ley (cf. Mt 22,36-40). Ella da verdadera sustancia a la relación personal con Dios y con el prójimo; no es sólo el principio de las microrelaciones, como en las amistades, la familia, el pequeño grupo, sino también de las macrorelaciones, como las relaciones sociales, económicas y políticas. Para la Iglesia —aleccionada por el Evangelio—, la caridad es todo porque, como enseña San Juan (cf. 1 Jn 4,8.16) y como he recordado en mi primera Carta encíclica « Dios es caridad » (*Deus caritas est*): *todo proviene de la caridad de Dios, todo adquiere forma por ella, y a ella tiende todo.* La caridad es el don más grande que Dios ha dado a los hombres, es su promesa y nuestra esperanza.

Soy consciente de las desviaciones y la pérdida de sentido que ha sufrido y sufre la caridad, con el consiguiente riesgo de ser mal entendida, o excluida de la ética vivida y, en cualquier caso, de impedir su correcta valoración. En el ámbito social, jurídico, cultural, político y económico, es decir, en los contextos más expuestos a dicho peligro, se afirma fácilmente su irrelevancia para interpretar y orientar las responsabilidades morales. De aquí la necesidad de unir no sólo la caridad con la verdad, en el sentido señalado por San Pablo de la « *veritas in caritate* » (Ef 4,15), sino también en el sentido, inverso y complementario, de « *caritas in veritate* ». Se ha de buscar, encontrar y expresar la verdad en la « *economía* » de la caridad, pero, a su vez, se ha de entender, valorar y practicar la caridad a la luz de la verdad. De este modo, no sólo prestaremos un servicio a la caridad, iluminada por la verdad, sino que contribuiremos a dar fuerza a la verdad, mostrando su capacidad de autentificar y persuadir en la concreción de la vida social. Y esto no es algo de poca importancia hoy, en un contexto social y cultural, que con frecuencia relativiza la verdad, bien desentendiéndose de ella, bien rechazándola.

3. Por esta estrecha relación con la verdad, se puede reconocer a la caridad como expresión auténtica de humanidad y como elemento de importancia fundamental en las relaciones humanas, también las de carácter público. *Sólo en la verdad resplandece la caridad y puede ser vivida auténticamente.* La verdad es luz que da sentido y valor a la caridad. Esta luz es simultáneamente la de la razón y la de la fe, por medio de la cual la inteligencia llega a la verdad natural y sobrenatural de la caridad, percibiendo su significado de entrega, acogida y comunión. Sin verdad, la caridad cae en mero sentimentalismo. El amor se convierte en un envoltorio vacío que se rellena arbitrariamente. Éste es el riesgo fatal del amor en una cultura sin verdad. Es presa fácil de las emociones y las opiniones contingentes de los sujetos, una palabra de la que se abusa y que se distorsiona, terminando por significar lo contrario. La verdad libera a la caridad de la estrechez de una emotividad que la priva de contenidos relacionales y sociales, así como de un fideísmo que mutila su horizonte humano y universal. En la verdad, la caridad refleja la dimensión personal y al mismo tiempo pública de la fe en el Dios bíblico, que es a la vez « *Agapé* » y « *Lógos* »: Caridad y Verdad, Amor y Palabra.

4. Puesto que está llena de verdad, la caridad puede ser comprendida por el hombre en toda su riqueza de valores, compartida y comunicada. En efecto, *la verdad es « lógos » que crea « diálogos »* y, por tanto, comunicación y comunión. La verdad, rescatando a los hombres de las opiniones y de las sensaciones subjetivas, les permite llegar más allá de las determinaciones culturales e históricas y apreciar el valor y la sustancia de las cosas. La verdad abre y une el intelecto de los seres humanos en el *lógos* del amor: éste es el anuncio y el testimonio cristiano de la caridad. En el contexto social y cultural actual, en el que está difundida la tendencia a relativizar lo verdadero, vivir la caridad en la verdad lleva a comprender que la adhesión a los valores del cristianismo no es sólo un elemento útil, sino indispensable para la construcción de una buena sociedad y un verdadero desarrollo humano integral. Un cristianismo de caridad sin verdad se puede confundir fácilmente con una reserva de buenos sentimientos, provechosos para la convivencia social, pero marginales. De este modo, en el mundo no habría un verdadero y propio lugar para Dios. Sin la verdad, la caridad es relegada a un ámbito de relaciones reducido y privado. Queda excluida de los proyectos y procesos para construir un desarrollo humano de alcance universal, en el diálogo entre saberes y operatividad.

5. La caridad es amor recibido y ofrecido. Es « gracia » (*cháris*). Su origen es el amor que brota del Padre por el Hijo, en el Espíritu Santo. Es amor que desde el Hijo desciende sobre nosotros. Es amor creador, por el que nosotros somos; es amor redentor, por el cual somos recreados. Es el Amor revelado, puesto en práctica por Cristo (cf. Jn 13,1) y « derramado en nuestros corazones por el Espíritu Santo » (Rm 5,5). Los hombres, destinatarios del amor de Dios, se convierten en sujetos de caridad, llamados a hacerse ellos mismos instrumentos de la gracia para difundir la caridad de Dios y para tejer redes de caridad.

La doctrina social de la Iglesia responde a esta dinámica de caridad recibida y ofrecida. Es « *caritas in veritate in re sociali* », anuncio de la verdad del amor de Cristo en la sociedad. Dicha doctrina es servicio de la caridad, pero en la verdad. La verdad preserva y expresa la fuerza liberadora de la caridad en los acontecimientos siempre nuevos de la historia. Es al mismo tiempo verdad de la fe y de la razón, en la distinción y la sinergia a la vez de los dos ámbitos cognitivos. El desarrollo, el bienestar social, una solución adecuada de los graves problemas socioeconómicos que afligen a la humanidad, necesitan esta verdad. Y necesitan aún más que se estime y dé testimonio de esta verdad. Sin verdad, sin confianza y amor por lo verdadero, no hay conciencia y responsabilidad social, y la actuación social se deja a merced de intereses privados y de lógicas de poder, con efectos disgregadores sobre la sociedad, tanto más en una sociedad en vías de globalización, en momentos difíciles como los actuales.

6. « *Caritas in veritate* » es el principio sobre el que gira la doctrina social de la Iglesia, un principio que adquiere forma operativa en criterios orientadores de la acción moral. Deseo volver a recordar particularmente dos de ellos, requeridos de manera especial por el compromiso para el desarrollo en una sociedad en vías de globalización: *la justicia y el bien común.*

Ante todo, la justicia. *Ubi societas, ibi ius*: toda sociedad elabora un sistema propio de justicia. *La caridad va más allá de la justicia*, porque amar es dar, ofrecer de lo « mío » al otro; pero nunca carece de justicia, la cual lleva a dar al otro lo que es « suyo », lo que le corresponde en virtud de su ser y de su obrar. No puedo « dar » al otro de lo mío sin haberle dado en primer lugar lo que en justicia le corresponde. Quien ama con caridad a los demás, es ante todo justo con ellos. No basta decir que la justicia no es extraña a la caridad, que no es una vía alternativa o paralela a la caridad: la justicia es « inseparable de la caridad »,[1] intrínseca a ella. La justicia es la primera vía de la caridad o, como dijo Pablo VI, su « medida mínima »,[2] parte integrante de ese amor « con obras y según la verdad » (1 Jn 3,18), al que nos exhorta el apóstol Juan. Por un lado, la caridad exige la justicia, el reconocimiento y el respeto de los legítimos derechos de las personas y los pueblos. Se ocupa de la construcción de la « ciudad del hombre » según el derecho y la justicia. Por otro, la caridad supera la justicia y la completa siguiendo la lógica de la entrega y el perdón.[3] La « ciudad del hombre » no se promueve sólo con relaciones de derechos y deberes sino, antes y más aún, con relaciones de gratuidad, de misericordia y de comunión. La caridad manifiesta siempre el amor de Dios también en las relaciones humanas, otorgando valor teologal y salvífico a todo compromiso por la justicia en el mundo.

7. Hay que tener también en gran consideración el bien común. Amar a alguien es querer su bien y trabajar eficazmente por él. Junto al bien individual, hay un bien relacionado con el vivir social de las personas: el bien común. Es el bien de ese « todos nosotros », formado por individuos, familias y grupos intermedios que se unen en comunidad social.[4] No es un bien que se busca por sí mismo, sino para las personas que forman parte de la comunidad social, y que sólo en ella pueden conseguir su bien realmente y de modo más eficaz. Desear *el bien común* y esforzarse por él *es exigencia de justicia y caridad*. Trabajar por el bien común es cuidar, por un lado, y utilizar, por otro, ese conjunto de instituciones que estructuran jurídica, civil, política y culturalmente la vida social, que se configura así como *pólis*, como ciudad. Se ama al prójimo tanto más eficazmente, cuanto más se trabaja por un bien común que responda también a sus necesidades reales. Todo cristiano está llamado a esta caridad, según su vocación y sus posibilidades de incidir en la *pólis*. Ésta es la vía institucional —también política, podríamos decir— de la caridad, no menos cualificada e incisiva de lo que pueda ser la caridad que encuentra directamente al prójimo fuera de las mediaciones institucionales de la *pólis*. El compromiso por el bien común, cuando está inspirado por la caridad, tiene una valencia superior al compromiso meramente secular y político. Como todo compromiso en favor de la justicia, forma parte de ese testimonio de la caridad divina que, actuando en el tiempo, prepara lo eterno. La acción del hombre sobre la tierra, cuando está inspirada y sustentada por la caridad, contribuye a la edificación de esa *ciudad de Dios* universal hacia la cual avanza la historia de la familia humana. En una sociedad en vías de globalización, el bien común y el esfuerzo por él, han de abarcar necesariamente a toda la familia humana, es decir, a la comunidad de los pueblos y naciones,[5] dando así forma de unidad y de paz a la ciudad del hombre, y haciéndola en cierta medida una anticipación que prefigura la ciudad de Dios sin barreras.

8. Al publicar en 1967 la Encíclica *Populorum progressio*, mi venerado predecesor Pablo VI ha iluminado el gran tema del desarrollo de los pueblos con el esplendor de la verdad y la luz suave de la caridad de Cristo. Ha afirmado que el anuncio de Cristo es el primero y principal factor de desarrollo[6] y nos ha dejado la consigna de caminar por la vía del desarrollo con todo nuestro corazón y con toda nuestra inteligencia,[7] es decir, con el ardor de la caridad y la sabiduría de la verdad. La verdad originaria del amor de Dios, que se nos ha dado gratuitamente, es lo que abre nuestra vida al don y hace posible esperar en un « desarrollo de todo el hombre y de todos los hombres »,[8] en el tránsito « de condiciones menos humanas a condiciones más humanas »,[9] que se obtiene venciendo las dificultades que inevitablemente se encuentran a lo largo del camino.

A más de cuarenta años de la publicación de la Encíclica, deseo rendir homenaje y honrar la memoria del gran Pontífice Pablo VI, retomando sus enseñanzas sobre el *desarrollo humano integral* y siguiendo la ruta que han trazado, para actualizarlas en nuestros días. Este proceso de actualización comenzó con la Encíclica *Sollicitudo rei socialis*, con la que el Siervo de Dios Juan Pablo II quiso conmemorar la publicación de la *Populorum progressio* con ocasión de su vigésimo aniversario.

Hasta entonces, una conmemoración similar fue dedicada sólo a la *Rerum novarum*. Pasados otros veinte años más, manifiesto mi convicción de que la *Populorum progressio* merece ser considerada como « la *Rerum novarum* de la época contemporánea », que ilumina el camino de la humanidad en vías de unificación.

9. El amor en la verdad —*caritas in veritate*— es un gran desafío para la Iglesia en un mundo en progresiva y expansiva globalización. El riesgo de nuestro tiempo es que la interdependencia de hecho entre los hombres y los pueblos no se corresponda con la interacción ética de la conciencia y el intelecto, de la que pueda resultar un desarrollo realmente humano. Sólo con *la caridad, iluminada por la luz de la razón y de la fe*, es posible conseguir objetivos de desarrollo con un carácter más humano y humanizador. El compartir los bienes y recursos, de lo que proviene el auténtico desarrollo, no se asegura sólo con el progreso técnico y con meras relaciones de conveniencia, sino con la fuerza del amor que vence al mal con el bien (cf. Rm 12,21) y abre la conciencia del ser humano a relaciones recíprocas de libertad y de responsabilidad.

La Iglesia no tiene soluciones técnicas que ofrecer[10] y no pretende « de ninguna manera mezclarse en la política de los Estados ».[11] No obstante, tiene una misión de verdad que cumplir en todo tiempo y circunstancia en favor de una sociedad a medida del hombre, de su dignidad y de su vocación. Sin verdad se cae en una visión empirista y escéptica de la vida, incapaz de elevarse sobre la praxis, porque no está interesada en tomar en consideración los valores —a veces ni siquiera el significado— con los cuales juzgarla y orientarla. La fidelidad al hombre exige *la fidelidad a la verdad*, que es la única *garantía de libertad* (cf. Jn 8,32) *y de la posibilidad de un desarrollo humano integral*. Por eso la Iglesia la busca, la anuncia incansablemente y la reconoce allí donde se manifieste. Para la Iglesia, esta misión de verdad es irrenunciable. Su doctrina social es una dimensión singular de este anuncio: está al servicio de la verdad que libera. Abierta a la verdad, de cualquier saber que provenga, la doctrina social de la Iglesia la acoge, recompone en unidad los fragmentos en que a menudo la encuentra, y se hace su portadora en la vida concreta siempre nueva de la sociedad de los hombres y los pueblos.[12]

Capítulo primero

EL MENSAJE
DE LA *POPULORUM PROGRESSIO*

10. A más de cuarenta años de su publicación, la relectura de la *Populorum progressio* insta a permanecer fieles a su mensaje de caridad y de verdad, considerándolo en el ámbito del magisterio específico de Pablo VI y, más en general, dentro de la tradición de la doctrina social de la Iglesia. Se han de valorar después los diversos términos en que hoy, a diferencia de entonces, se plantea el problema del desarrollo. El punto de vista correcto, por tanto, es el de la Tradición de la fe apostólica,[13] patrimonio antiguo y nuevo, fuera del cual la *Populorum progressio* sería un documento sin raíces y las cuestiones sobre el desarrollo se reducirían únicamente a datos sociológicos.

11. La publicación de la *Populorum progressio* tuvo lugar poco después de la conclusión del Concilio Ecuménico Vaticano II. La misma Encíclica señala en los primeros párrafos su íntima relación con el Concilio.[14] Veinte años después, Juan Pablo II subrayó en la *Sollicitudo rei socialis* la fecunda relación de aquella Encíclica con el Concilio y, en particular, con la Constitución pastoral *Gaudium et spes*.[15] También yo deseo recordar aquí la importancia del Concilio Vaticano II para la Encíclica de Pablo VI y para todo el Magisterio social de los Sumos Pontífices que le han sucedido. El Concilio profundizó en lo que pertenece desde siempre a la verdad de la fe, es decir, que la Iglesia, estando al servicio de Dios, está al servicio del mundo en términos de amor y verdad. Pablo VI partía precisamente de esta visión para decirnos dos grandes verdades. La primera es que *toda la Iglesia, en todo su ser y obrar, cuando anuncia, celebra y actúa en la caridad, tiende a promover el desarrollo integral del hombre*. Tiene un papel público que no se agota en sus actividades de asistencia o educación, sino que manifiesta toda su propia capacidad de servicio a la promoción del hombre y la fraternidad universal cuando puede contar con un régimen de libertad. Dicha libertad se ve impedida en muchos casos por prohibiciones y persecuciones, o también limitada cuando se reduce la presencia pública de la Iglesia solamente a sus actividades caritativas. La segunda verdad es que *el auténtico desarrollo del hombre concierne de manera unitaria a la totalidad de la persona en todas sus dimensiones*.[16] Sin la perspectiva de una vida eterna, el progreso humano en este mundo se queda sin aliento. Encerrado dentro de la historia, queda expuesto al riesgo de reducirse sólo al incremento del tener; así, la humanidad pierde la valentía de estar disponible para los bienes más altos, para las iniciativas grandes y desinteresadas que la caridad universal exige. El hombre no se desarrolla únicamente con sus propias fuerzas, así como no se le puede dar sin más el desarrollo desde fuera. A lo largo de la historia, se ha creído con frecuencia que la creación de instituciones bastaba para garantizar a la humanidad el ejercicio del derecho al desarrollo. Desafortunadamente, se ha depositado una confianza excesiva en dichas instituciones, casi como si ellas pudieran conseguir el objetivo deseado de manera automática. En realidad, las instituciones por sí solas no bastan, porque el desarrollo humano integral es ante todo vocación y, por tanto, comporta que se asuman libre y solidariamente responsabilidades por parte de todos. Este desarrollo exige, además, una visión trascendente de la persona, necesita a Dios: sin Él, o se niega el desarrollo, o se le deja únicamente en manos del hombre, que cede a la presunción de la autosalvación y termina por promover un desarrollo deshumanizado. Por lo demás, sólo el encuentro con Dios permite no « ver siempre en el prójimo solamente al otro »,[17] sino reconocer en él la imagen divina, llegando así a descubrir verdaderamente al otro y a madurar un amor que « es ocuparse del otro y preocuparse por el otro ».[18]

12. La relación entre la *Populorum progressio* y el Concilio Vaticano II no representa un fisura entre el Magisterio social de Pablo VI y el de los Pontífices que lo precedieron, puesto que el Concilio profundiza dicho magisterio en la continuidad de la vida de la Iglesia.[19] En este sentido, algunas subdivisiones abstractas de la doctrina social de la Iglesia, que aplican a las enseñanzas sociales pontificias categorías extrañas a ella, no contribuyen a clarificarla. No hay dos tipos de doctrina social, una preconciliar y otra postconciliar, diferentes entre sí, sino *una única enseñanza, coherente y al mismo tiempo siempre nueva.*[20] Es justo señalar las peculiaridades de una u otra Encíclica, de la enseñanza de uno u otro Pontífice, pero sin perder nunca de vista la coherencia de todo el *corpus* doctrinal en su conjunto.[21] Coherencia no significa un sistema cerrado, sino más bien la fidelidad dinámica a una luz recibida. La doctrina social de la Iglesia ilumina con una luz que no cambia los problemas siempre nuevos que van surgiendo.[22] Eso salvaguarda tanto el carácter permanente como histórico de este « patrimonio » doctrinal[23] que, con sus características específicas, forma parte de la Tradición siempre viva de la Iglesia.[24] La doctrina social está construida sobre el fundamento transmitido por los Apóstoles a los Padres de la Iglesia y acogido y profundizado después por los grandes Doctores cristianos. Esta doctrina se remite en definitiva al hombre nuevo, al « último Adán, Espíritu que da vida » (1 Co 15,45), y que es principio de la caridad que « no pasa nunca » (1 Co 13,8). Ha sido atestiguada por los Santos y por cuantos han dado la vida por Cristo Salvador en el campo de la justicia y la paz. En ella se expresa la tarea profética de los Sumos Pontífices de guiar apostólicamente la Iglesia de Cristo y de discernir las nuevas exigencias de la evangelización. Por estas razones, la *Populorum progressio*, insertada en la gran corriente de la Tradición, puede hablarnos todavía hoy a nosotros.

13. Además de su íntima unión con toda la doctrina social de la Iglesia, la *Populorum progressio enlaza estrechamente con el conjunto de todo el magisterio de Pablo VI* y, en particular, con su magisterio social. Sus enseñanzas sociales fueron de gran relevancia: reafirmó la importancia imprescindible del Evangelio para la construcción de la sociedad según libertad y justicia, en la perspectiva ideal e histórica de una civilización animada por el amor. Pablo VI entendió claramente que la cuestión social se había hecho mundial[25] y captó la relación recíproca entre el impulso hacia la unificación de la humanidad y el ideal cristiano de una única familia de los pueblos, solidaria en la común hermandad. *Indicó en el desarrollo, humana* *y cristianamente entendido, el corazón del mensaje social cristiano* y propuso la caridad cristiana como principal fuerza al servicio del desarrollo. Movido por el deseo de hacer plenamente visible al hombre contemporáneo el amor de Cristo, Pablo VI afrontó con firmeza cuestiones éticas importantes, sin ceder a las debilidades culturales de su tiempo.

14. Con la Carta apostólica *Octogesima adveniens*, de 1971, Pablo VI trató luego el tema del sentido de la política y el *peligro que representaban las visiones utópicas e ideológicas* que comprometían su cualidad ética y humana. Son argumentos estrechamente unidos con el desarrollo. Lamentablemente, las ideologías negativas surgen continuamente. Pablo VI ya puso en guardia sobre la ideología tecnocrática,[26] hoy particularmente arraigada, consciente del gran riesgo de confiar todo el proceso del desarrollo sólo a la técnica, porque de este modo quedaría sin orientación. En sí misma considerada, la técnica es ambivalente. Si de un lado hay actualmente quien es propenso a confiar completamente a ella el proceso de desarrollo, de otro, se advierte el surgir de ideologías que niegan *in toto* la utilidad misma del desarrollo, considerándolo radicalmente antihumano y que sólo comporta degradación. Así, se acaba a veces por condenar, no sólo el modo erróneo e injusto en que los hombres orientan el progreso, sino también los descubrimientos científicos mismos que, por el contrario, son una oportunidad de crecimiento para todos si se usan bien. La idea de un mundo sin desarrollo expresa desconfianza en el hombre y en Dios. Por tanto, es un grave error despreciar las capacidades humanas de controlar las desviaciones del desarrollo o ignorar incluso que el hombre tiende constitutivamente a « ser más ». Considerar ideológicamente como absoluto el progreso técnico y soñar con la utopía de una humanidad que retorna a su estado de naturaleza originario, son dos modos opuestos para eximir al progreso de su valoración moral y, por tanto, de nuestra responsabilidad.

15. Otros dos documentos de Pablo VI, aunque no tan estrechamente relacionados con la doctrina social —la Encíclica *Humanae vitae*, del 25 de julio de 1968, y la Exhortación apostólica *Evangelii nuntiandi*, del 8 de diciembre de 1975— son muy importantes para delinear el *sentido plenamente humano del desarrollo propuesto por la Iglesia*. Por tanto, es oportuno leer también estos textos en relación con la *Populorum progressio*.

La Encíclica *Humanae vitae* subraya el sentido unitivo y procreador a la vez de la sexualidad, poniendo así como fundamento de la sociedad la pareja de los esposos, hombre y mujer, que se acogen recíprocamente en la distinción y en la complementariedad; una pareja, pues, abierta a la vida.[27] No se trata de una moral meramente individual: la *Humanae vitae* señala los *fuertes vínculos entre ética de la vida y ética social*, inaugurando una temática del magisterio que ha ido tomando cuerpo poco a poco en varios documentos y, por último, en la Encíclica *Evangelium vitae* de Juan Pablo II.[28] La Iglesia propone con fuerza esta relación entre ética de la vida y ética social, consciente de que « no puede tener bases sólidas, una sociedad que —mientras afirma valores como la dignidad de la persona, la justicia y la paz— se contradice radicalmente aceptando y tolerando las más variadas formas de menosprecio y violación de la vida humana, sobre todo si es débil y marginada ».[29]

La Exhortación apostólica *Evangelii nuntiandi* guarda una relación muy estrecha con el desarrollo, en cuanto « la evangelización —escribe Pablo VI— no sería completa si no tuviera en cuenta la interpelación recíproca que en el curso de los tiempos se establece entre el Evangelio y la vida concreta, personal y social del hombre ».[30] « Entre evangelización y promoción humana (desarrollo, liberación) existen efectivamente lazos muy fuertes »:[31] partiendo de esta convicción, Pablo VI aclaró la relación entre el anuncio de Cristo y la promoción de la persona en la sociedad. *El testimonio de la caridad de Cristo mediante obras de justicia, paz y desarrollo forma parte de la evangelización*, porque a Jesucristo, que nos ama, le interesa todo el hombre. Sobre estas importantes enseñanzas se funda el aspecto misionero[32] de la doctrina social de la Iglesia, como un elemento esencial de evangelización.[33] Es anuncio y testimonio de la fe. Es instrumento y fuente imprescindible para educarse en ella.

16. En la *Populorum progressio*, Pablo VI nos ha querido decir, ante todo, que el progreso, en su fuente y en su esencia, es una *vocación*: « En los designios de Dios, cada hombre está llamado a promover su propio progreso, porque la vida de todo hombre es una vocación ».[34] Esto es precisamente lo que legitima la intervención de la Iglesia en la problemática del desarrollo. Si éste afectase sólo a los aspectos técnicos de la vida del hombre, y no al sentido de su caminar en la historia junto con sus otros hermanos, ni al descubrimiento de la meta de este camino, la Iglesia no tendría por qué hablar de él. Pablo VI, como ya León XIII en la *Rerum novarum*,[35] era consciente de cumplir un deber propio de su ministerio al proyectar la luz del Evangelio sobre las cuestiones sociales de su tiempo.[36]

Decir que el *desarrollo es vocación* equivale a reconocer, por un lado, que éste nace de una llamada trascendente y, por otro, que es incapaz de darse su significado último por sí mismo. Con buenos motivos, la palabra « vocación » aparece de nuevo en otro pasaje de la Encíclica, donde se afirma: « No hay, pues, más que un humanismo verdadero que se abre al Absoluto en el reconocimiento de una vocación que da la idea verdadera de la vida humana ».[37] Esta visión del progreso es el corazón de la *Populorum progressio* y motiva todas las reflexiones de Pablo VI sobre la libertad, la verdad y la caridad en el desarrollo. Es también la razón principal por lo que aquella Encíclica todavía es actual en nuestros días.

17. La vocación es una llamada que requiere una respuesta libre y responsable. *El desarrollo humano integral supone la libertad responsable* de la persona y los pueblos: ninguna estructura puede garantizar dicho desarrollo desde fuera y por encima de la responsabilidad humana. Los « mesianismos prometedores, pero forjados de ilusiones »[38] basan siempre sus propias propuestas en la negación de la dimensión trascendente del desarrollo, seguros de tenerlo todo a su disposición. Esta falsa seguridad se convierte en debilidad, porque comporta el sometimiento del hombre, reducido a un medio para el desarrollo, mientras que la humildad de quien acoge una vocación se transforma en verdadera autonomía, porque hace libre a la persona. Pablo VI no tiene duda de que hay obstáculos y condicionamientos que frenan el desarrollo, pero tiene también la certeza de que « cada uno permanece siempre, sean los que sean los influjos que sobre él se ejercen, el artífice principal de su éxito o de su fracaso ».[39] Esta libertad se refiere al desarrollo que tenemos ante nosotros pero, al mismo tiempo, también a las situaciones de subdesarrollo, que no son fruto de la casualidad o de una necesidad histórica, sino que dependen de la responsabilidad humana. Por eso, « los pueblos hambrientos interpelan hoy, con acento dramático, a los pueblos opulentos ».[40] También esto es vocación, en cuanto llamada de hombres libres a hombres libres para asumir una responsabilidad común. Pablo VI percibía netamente la importancia de las estructuras económicas y de las instituciones, pero se daba cuenta con igual claridad de que la naturaleza de éstas era ser instrumentos de la libertad humana. Sólo si es libre, el desarrollo puede ser integralmente humano; sólo en un régimen de libertad responsable puede crecer de manera adecuada.

18. Además de la libertad, el *desarrollo humano integral como vocación exige también que se respete la verdad*. La vocación al progreso impulsa a los hombres a « hacer, conocer y tener más para ser más ».[41] Pero la cuestión es: ¿qué significa « ser más »? A esta pregunta, Pablo VI responde indicando lo que comporta esencialmente el « auténtico desarrollo »: « debe ser integral, es decir, promover a todos los hombres y a todo el hombre ».[42] En la concurrencia entre las diferentes visiones del hombre que, más aún que en la sociedad de Pablo VI, se proponen también en la de hoy, la visión cristiana tiene la peculiaridad de afirmar y justificar el valor incondicional de la persona humana y el sentido de su crecimiento. La vocación cristiana al desarrollo ayuda a buscar la promoción de todos los hombres y de todo el hombre. Pablo VI escribe: « Lo que cuenta para nosotros es el hombre, cada hombre, cada agrupación de hombres, hasta la humanidad entera ».[43] La fe cristiana se ocupa del desarrollo, no apoyándose en privilegios o posiciones de poder, ni tampoco en los méritos de los cristianos, que ciertamente se han dado y también hoy se dan, junto con sus naturales limitaciones,[44] sino sólo en Cristo, al cual debe remitirse toda vocación auténtica al desarrollo humano integral. *El Evangelio es un elemento fundamental del desarrollo* porque, en él, Cristo, « en la misma revelación del misterio del Padre y de su amor, manifiesta plenamente el hombre al propio hombre ».[45] Con las enseñanzas de su Señor, la Iglesia escruta los signos de los tiempos, los interpreta y ofrece al mundo « lo que ella posee como propio: una visión global del hombre y de la humanidad ».[46] Precisamente porque Dios pronuncia el « sí » más grande al hombre,[47] el hombre no puede dejar de abrirse a la vocación divina para realizar el propio desarrollo. La verdad del desarrollo consiste en su totalidad: si no es de todo el hombre y de todos los hombres, no es el verdadero desarrollo. Éste es el mensaje central de la *Populorum progressio*, válido hoy y siempre. El desarrollo humano integral en el plano natural, al ser respuesta a una vocación de Dios creador,[48] requiere su autentificación en « un humanismo trascendental, que da [al hombre] su mayor plenitud; ésta es la finalidad suprema del desarrollo personal ».[49] Por tanto, la vocación cristiana a dicho desarrollo abarca tanto el plano natural como el sobrenatural; éste es el motivo por el que, « cuando Dios queda eclipsado, nuestra capacidad de reconocer el orden natural, la finalidad y el "bien", empieza a disiparse ».[50]

19. Finalmente, la visión del desarrollo como vocación comporta que *su centro sea la caridad*. En la Encíclica *Populorum progressio*, Pablo VI señaló que las causas del subdesarrollo no son principalmente de orden material. Nos invitó a buscarlas en otras dimensiones del hombre. Ante todo, en la voluntad, que con frecuencia se desentiende de los deberes de la solidaridad. Después, en el pensamiento, que no siempre sabe orientar adecuadamente el deseo. Por eso, para alcanzar el desarrollo hacen falta « pensadores de reflexión profunda que busquen un humanismo nuevo, el cual permita al hombre moderno hallarse a sí mismo ».[51] Pero eso no es todo. El subdesarrollo tiene una causa más importante aún que la falta de pensamiento: es « la falta de fraternidad entre los hombres y entre los pueblos ».[52] Esta fraternidad, ¿podrán lograrla alguna vez los hombres por sí solos? La sociedad cada vez más globalizada nos hace más cercanos, pero no más hermanos. La razón, por sí sola, es capaz de aceptar la igualdad entre los hombres y de establecer una convivencia cívica entre ellos, pero no consigue fundar la hermandad. Ésta nace de una vocación transcendente de Dios Padre, el primero que nos ha amado, y que nos ha enseñado mediante el Hijo lo que es la caridad fraterna. Pablo VI, presentando los diversos niveles del proceso de desarrollo del hombre, puso en lo más alto, después de haber mencionado la fe, « la unidad de la caridad de Cristo, que nos llama a todos a participar, como hijos, en la vida del Dios vivo, Padre de todos los hombres ».[53]

20. Estas perspectivas abiertas por la *Populorum progressio* siguen siendo fundamentales para dar vida y orientación a nuestro compromiso por el desarrollo de los pueblos. Además, la *Populorum progressio* subraya reiteradamente la *urgencia de las reformas*[54] y pide que, ante los grandes problemas de la injusticia en el desarrollo de los pueblos, se actúe con valor y sin demora. Esta *urgencia viene impuesta también por la caridad en la verdad*. Es la caridad de Cristo la que nos impulsa: « *caritas Christi urget nos* » (2 Co 5,14). Esta urgencia no se debe sólo al estado de cosas, no se deriva solamente de la avalancha de los acontecimientos y problemas, sino de lo que está en juego: la necesidad de alcanzar una auténtica fraternidad. Lograr esta meta es tan importante que exige tomarla en consideración para comprenderla a fondo y movilizarse concretamente con el « corazón », con el fin de hacer cambiar los procesos económicos y sociales actuales hacia metas plenamente humanas.

CAPÍTULO SEGUNDO

EL DESARROLLO HUMANO EN NUESTRO TIEMPO

21. Pablo VI tenía una *visión articulada del desarrollo*. Con el término « desarrollo » quiso indicar ante todo el objetivo de que los pueblos salieran del hambre, la miseria, las enfermedades endémicas y el analfabetismo. Desde el punto de vista económico, eso significaba su participación activa y en condiciones de igualdad en el proceso económico internacional; desde el punto de vista social, su evolución hacia sociedades solidarias y con buen nivel de formación; desde el punto de vista político, la consolidación de regímenes democráticos capaces de asegurar libertad y paz. Después de tantos años, al ver con preocupación el desarrollo y la perspectiva de las crisis que se suceden en estos tiempos, *nos preguntamos hasta qué punto se han cumplido las expectativas de Pablo VI* siguiendo el modelo de desarrollo que se ha adoptado en las últimas décadas. Por tanto, reconocemos que estaba fundada la preocupación de la Iglesia por la capacidad del hombre meramente tecnológico para fijar objetivos realistas y poder gestionar constante y adecuadamente los instrumentos disponibles. La ganancia es útil si, como medio, se orienta a un fin que le dé un sentido, tanto en el modo de adquirirla como de utilizarla. El objetivo

27

exclusivo del beneficio, cuando es obtenido mal y sin el bien común como fin último, corre el riesgo de destruir riqueza y crear pobreza. El desarrollo económico que Pablo VI deseaba era el que produjera un crecimiento real, extensible a todos y concretamente sostenible. Es verdad que el desarrollo ha sido y sigue siendo un factor positivo que ha sacado de la miseria a miles de millones de personas y que, últimamente, ha dado a muchos países la posibilidad de participar efectivamente en la política internacional. Sin embargo, se ha de reconocer que el desarrollo económico mismo ha estado, y lo está aún, aquejado por *desviaciones y problemas dramáticos*, que la crisis actual ha puesto todavía más de manifiesto. Ésta nos pone improrrogablemente ante decisiones que afectan cada vez más al destino mismo del hombre, el cual, por lo demás, no puede prescindir de su naturaleza. Las fuerzas técnicas que se mueven, las interrelaciones planetarias, los efectos perniciosos sobre la economía real de una actividad financiera mal utilizada y en buena parte especulativa, los imponentes flujos migratorios, frecuentemente provocados y después no gestionados adecuadamente, o la explotación sin reglas de los recursos de la tierra, nos induce hoy a reflexionar sobre las medidas necesarias para solucionar problemas que no sólo son nuevos respecto a los afrontados por el Papa Pablo VI, sino también, y sobre todo, que tienen un efecto decisivo para el bien presente y futuro de la humanidad. Los aspectos de la crisis y sus soluciones, así como la posibilidad de un futuro nuevo desarrollo, están cada vez más interrelacionados, se implican recíprocamente, requieren nuevos esfuerzos de comprensión unitaria y una *nueva síntesis humanista*. Nos preocupa justamente la complejidad y gravedad de la situación económica actual, pero hemos de asumir con realismo, confianza y esperanza las nuevas responsabilidades que nos reclama la situación de un mundo que necesita una profunda renovación cultural y el redescubrimiento de valores de fondo sobre los cuales construir un futuro mejor. La crisis nos obliga a revisar nuestro camino, a darnos nuevas reglas y a encontrar nuevas formas de compromiso, a apoyarnos en las experiencias positivas y a rechazar las negativas. De este modo, la crisis se convierte en *ocasión de discernir y proyectar de un modo nuevo*. Conviene afrontar las dificultades del presente en esta clave, de manera confiada más que resignada.

22. Hoy, el cuadro del desarrollo se *despliega en múltiples ámbitos*. Los actores y las causas, tanto del subdesarrollo como del desarrollo, son múltiples, las culpas y los méritos son muchos y diferentes. Esto debería llevar a liberarse de las ideologías, que con frecuencia simplifican de manera artificiosa la realidad, y a examinar con objetividad la dimensión humana de los problemas. Como ya señaló Juan Pablo II,[55] la línea de demarcación entre países ricos y pobres ahora no es tan neta como en tiempos de la *Populorum progressio*. *La riqueza mundial crece en términos absolutos, pero aumentan también las desigualdades*. En los países ricos, nuevas categorías sociales se empobrecen y nacen nuevas pobrezas. En las zonas más pobres, algunos grupos gozan de un tipo de superdesarrollo derrochador y consumista, que contrasta de modo inaceptable con situaciones persistentes de miseria deshumanizadora. Se sigue produciendo « el escándalo de las disparidades hirientes ».[56] Lamentablemente, hay corrupción e ilegalidad tanto en el comportamiento de sujetos económicos y políticos de los países ricos, nuevos y antiguos, como en los países pobres. La falta de respeto de los derechos humanos de los trabajadores es provocada a veces por grandes empresas multinacionales y también por grupos de producción local. Las ayudas internacionales se han desviado con frecuencia de su finalidad por irresponsabilidades tanto en los donantes como en los beneficiarios. Podemos encontrar la misma articulación de responsabilidades también en el ámbito de las causas inmateriales o culturales del desarrollo y el subdesarrollo. Hay formas excesivas de protección de los conocimientos por parte de los países ricos, a través de un empleo demasiado rígido del derecho a la propiedad intelectual, especialmente en el campo sanitario. Al mismo tiempo, en algunos países pobres perduran modelos culturales y normas sociales de comportamiento que frenan el proceso de desarrollo.

23. Hoy, muchas áreas del planeta se han desarrollado, aunque de modo problemático y desigual, entrando a formar parte del grupo de las grandes potencias destinado a jugar un papel importante en el futuro. Pero se ha de subrayar que *no basta progresar sólo desde el punto de vista económico y tecnológico*. El desarrollo necesita ser ante todo auténtico e integral. El salir del atraso económico, algo en sí mismo positivo, no soluciona la problemática compleja de la promoción del hombre, ni en los países protagonistas de estos adelantos, ni en los países económicamente ya desarrollados, ni en los que todavía son pobres, los cuales pueden sufrir, además de antiguas formas de explotación, las consecuencias negativas que se derivan de un crecimiento marcado por desviaciones y desequilibrios.

Tras el derrumbe de los sistemas económicos y políticos de los países comunistas de Europa Oriental y el fin de los llamados « bloques contrapuestos », hubiera sido necesario un replanteamiento total del desarrollo. Lo pidió Juan Pablo II, quien en 1987 indicó que la existencia de estos « bloques » era una de las principales causas del subdesarrollo,[57] pues la política sustraía recursos a la economía y a la cultura, y la ideología inhibía la libertad. En 1991, después de los acontecimientos de 1989, pidió también que el fin de los *bloques* se correspondiera con un nuevo modo de proyectar globalmente el desarrollo, no sólo en aquellos países, sino también en Occidente y en las partes del mundo que se estaban desarrollando.[58] Esto ha ocurrido sólo en parte, y sigue siendo un deber llevarlo a cabo, tal vez aprovechando precisamente las medidas necesarias para superar los problemas económicos actuales.

24. El mundo que Pablo VI tenía ante sí, aunque el proceso de socialización estuviera ya avanzado y pudo hablar de una cuestión social que se había hecho mundial, estaba aún mucho menos integrado que el actual. La actividad económica y la función política se movían en gran parte dentro de los mismos confines y podían contar, por tanto, la una con la otra. La actividad productiva tenía lugar predominantemente en los ámbitos nacionales y las inversiones financieras circulaban de forma bastante limitada con el extranjero, de manera que la política de muchos estados podía fijar todavía las prioridades de la economía y, de algún modo, gobernar su curso con los instrumentos que tenía a su disposición. Por este motivo, la *Populorum progressio* asignó un papel central, aunque no exclusivo, a los « poderes públicos ».[59]

En nuestra época, el Estado se encuentra con el deber de afrontar las limitaciones que pone a su soberanía el nuevo contexto económico-comercial y financiero internacional, caracterizado también por una creciente movilidad de los capitales financieros y los medios de producción materiales e inmateriales. Este nuevo contexto ha modificado el poder político de los estados.

Hoy, aprendiendo también la lección que proviene de la crisis económica actual, en la que los *poderes públicos* del Estado se ven llamados directamente a corregir errores y disfunciones, parece más realista una renovada valoración de su papel y de su poder, que han de ser sabiamente reexaminados y revalorizados, de modo que sean capaces de afrontar los desafíos del mundo actual, incluso con nuevas modalidades de ejercerlos. Con un papel mejor ponderado de los poderes públicos, es previsible que se fortalezcan las nuevas formas de participación en la política nacional e internacional que tienen lugar a través de la actuación de las organizaciones de la sociedad civil; en este sentido, es de desear que haya mayor atención y participación en la *res publica* por parte de los ciudadanos.

25. Desde el punto de vista social, a los sistemas de protección y previsión, ya existentes en tiempos de Pablo VI en muchos países, les cuesta trabajo, y les costará todavía más en el futuro, lograr sus objetivos de verdadera justicia social dentro de un cuadro de fuerzas profundamente transformado. El mercado, al hacerse global, ha estimulado, sobre todo en países ricos, la búsqueda de áreas en las que emplazar la producción a bajo coste con el fin de reducir los precios de muchos bienes, aumentar el poder de adquisición y acelerar por tanto el índice de crecimiento, centrado en un mayor consumo en el propio mercado interior. Consecuentemente, el mercado ha estimulado nuevas formas de competencia entre los estados con el fin de atraer centros productivos de empresas extranjeras, adoptando diversas medidas, como una fiscalidad favorable y la falta de reglamentación del mundo del trabajo. Estos procesos han llevado a la *reducción de la red de seguridad social* a cambio de la búsqueda de mayores ventajas competitivas en el mercado global, con grave peligro para los derechos de los trabajadores, para los derechos fundamentales del hombre y para la solidaridad en las tradicionales formas del Estado social. Los sistemas de seguridad social pueden perder la capacidad de cumplir su tarea, tanto en los países pobres, como en los emergentes, e incluso en los ya desarrollados desde hace tiempo. En este punto, las políticas de balance, con los recortes al gasto social, con frecuencia promovidos también por las instituciones financieras internacionales, pueden dejar a los ciudadanos impotentes ante riesgos antiguos y nuevos; dicha impotencia aumenta por la falta de protección eficaz por parte de las asociaciones de los trabajadores. El conjunto de los cambios sociales y económicos hace que las *organizaciones sindicales* tengan mayores dificultades para desarrollar su tarea de representación de los intereses de los trabajadores, también porque los gobiernos, por razones de utilidad económica, limitan a menudo las libertades sindicales o la capacidad de negociación de los sindicatos mismos. Las redes de solidaridad tradicionales se ven obligadas a superar mayores obstáculos. Por tanto, la invitación de la doctrina social de la Iglesia, empezando por la *Rerum novarum*,[60] a dar vida a asociaciones de trabajadores para defender sus propios derechos ha de ser respetada, hoy más que ayer, dando ante todo una respuesta pronta y de altas miras a la urgencia de establecer nuevas sinergias en el ámbito internacional y local.

La *movilidad laboral*, asociada a la desregulación generalizada, ha sido un fenómeno importante, no exento de aspectos positivos porque estimula la producción de nueva riqueza y el intercambio entre culturas diferentes. Sin embargo, cuando la incertidumbre sobre las condiciones de trabajo a causa de la movilidad y la desregulación se hace endémica, surgen formas de inestabilidad psicológica, de dificultad para crear caminos propios coherentes en la vida, incluido el del matrimonio. Como consecuencia, se producen situaciones de deterioro humano y de desperdicio social. Respecto a lo que sucedía en la sociedad industrial del pasado, el paro provoca hoy nuevas formas de irrelevancia económica, y la actual crisis sólo puede empeorar dicha situación. El estar sin trabajo durante mucho tiempo, o la dependencia prolongada de la asistencia pública o privada, mina la libertad y la creatividad de la persona y sus relaciones familiares y sociales, con graves daños en el plano psicológico y espiritual. Quisiera recordar a todos, en especial a los gobernantes que se ocupan en dar un aspecto renovado al orden económico y social del mundo, que *el primer capital que se ha de salvaguardar y valorar es el hombre, la persona en su integridad*: « Pues el hombre es el autor, el centro y el fin de toda la vida económico-social ».[61]

34

26. En el plano cultural, las diferencias son aún más acusadas que en la época de Pablo VI. Entonces, las culturas estaban generalmente bien definidas y tenían más posibilidades de defenderse ante los intentos de hacerlas homogéneas. Hoy, las posibilidades de *interacción entre las culturas* han aumentado notablemente, dando lugar a nuevas perspectivas de diálogo intercultural, un diálogo que, para ser eficaz, ha de tener como punto de partida una toma de conciencia de la identidad específica de los diversos interlocutores. Pero no se ha de olvidar que la progresiva mercantilización de los intercambios culturales aumenta hoy un doble riesgo. Se nota, en primer lugar, un *eclecticismo cultural* asumido con frecuencia de manera acrítica: se piensa en las culturas como superpuestas unas a otras, sustancialmente equivalentes e intercambiables. Eso induce a caer en un relativismo que en nada ayuda al verdadero diálogo intercultural; en el plano social, el relativismo cultural provoca que los grupos culturales estén juntos o convivan, pero separados, sin diálogo auténtico y, por lo tanto, sin verdadera integración. Existe, en segundo lugar, el peligro opuesto de *rebajar la cultura* y homologar los comportamientos y estilos de vida. De este modo, se pierde el sentido profundo de la cultura de las diferentes naciones, de las tradiciones de los diversos pueblos, en cuyo marco la persona se enfrenta a las cuestiones fundamentales de la existencia.[62] El eclecticismo y el bajo nivel cultural coinciden en separar la cultura de la naturaleza humana. Así, las culturas ya no saben encontrar su lugar en una naturaleza que las transciende,[63] terminando por reducir al hombre a mero dato cultural.

Cuando esto ocurre, la humanidad corre nuevos riesgos de sometimiento y manipulación.

27. En muchos países pobres persiste, y amenaza con acentuarse, la extrema inseguridad de vida a causa de la falta de alimentación: *el hambre* causa todavía muchas víctimas entre tantos Lázaros a los que no se les consiente sentarse a la mesa del rico epulón, como en cambio Pablo VI deseaba.[64] *Dar de comer a los hambrientos* (cf. Mt 25,35.37.42) es un imperativo ético para la Iglesia universal, que responde a las enseñanzas de su Fundador, el Señor Jesús, sobre la solidaridad y el compartir. Además, en la era de la globalización, eliminar el hambre en el mundo se ha convertido también en una meta que se ha de lograr para salvaguardar la paz y la estabilidad del planeta. El hambre no depende tanto de la escasez material, cuanto de la insuficiencia de recursos sociales, el más importante de los cuales es de tipo institucional. Es decir, falta un sistema de instituciones económicas capaces, tanto de asegurar que se tenga acceso al agua y a la comida de manera regular y adecuada desde el punto de vista nutricional, como de afrontar las exigencias relacionadas con las necesidades primarias y con las emergencias de crisis alimentarias reales, provocadas por causas naturales o por la irresponsabilidad política nacional e internacional. El problema de la inseguridad alimentaria debe ser planteado en una perspectiva de largo plazo, eliminando las causas estructurales que lo provocan y promoviendo el desarrollo agrícola de los países más pobres mediante inversiones en infraestructuras rurales, sistemas de riego, transportes, organización de los mercados, formación y difusión de técnicas agrícolas apropiadas, capaces de utilizar del mejor modo los recursos humanos, naturales y socioeconómicos, que se puedan obtener preferiblemente en el propio lugar, para asegurar así también su sostenibilidad a largo plazo. Todo eso ha de llevarse a cabo implicando a las comunidades locales en las opciones y decisiones referentes a la tierra de cultivo. En esta perspectiva, podría ser útil tener en cuenta las nuevas fronteras que se han abierto en el empleo correcto de las técnicas de producción agrícola tradicional, así como las más innovadoras, en el caso de que éstas hayan sido reconocidas, tras una adecuada verificación, convenientes, respetuosas del ambiente y atentas a las poblaciones más desfavorecidas. Al mismo tiempo, no se debería descuidar la cuestión de una reforma agraria ecuánime en los países en desarrollo. El derecho a la alimentación y al agua tiene un papel importante para conseguir otros derechos, comenzando ante todo por el derecho primario a la vida. Por tanto, es necesario que madure una conciencia solidaria que considere *la alimentación y el acceso al agua como derechos universales de todos los seres humanos, sin distinciones ni discriminaciones.*[65] Es importante destacar, además, que la vía solidaria hacia el desarrollo de los países pobres puede ser un proyecto de solución de la crisis global actual, como lo han intuido en los últimos tiempos hombres políticos y responsables de instituciones internacionales. Apoyando a los países económicamente pobres mediante planes de financiación inspirados en la solidaridad, con el fin de que ellos mismos puedan satisfacer las necesidades de bienes de consumo y desarrollo de los propios ciudadanos, no sólo se puede producir un verdadero crecimiento económico, sino que se puede contribuir también a sostener la

37

capacidad productiva de los países ricos, que corre peligro de quedar comprometida por la crisis.

28. Uno de los aspectos más destacados del desarrollo actual es la importancia del tema del *respeto a la vida*, que en modo alguno puede separarse de las cuestiones relacionadas con el desarrollo de los pueblos. Es un aspecto que últimamente está asumiendo cada vez mayor relieve, obligándonos a ampliar el concepto de pobreza[66] y de subdesarrollo a los problemas vinculados con la acogida de la vida, sobre todo donde ésta se ve impedida de diversas formas.

La situación de pobreza no sólo provoca todavía en muchas zonas un alto índice de mortalidad infantil, sino que en varias partes del mundo persisten prácticas de control demográfico por parte de los gobiernos, que con frecuencia difunden la contracepción y llegan incluso a imponer también el aborto. En los países económicamente más desarrollados, las legislaciones contrarias a la vida están muy extendidas y han condicionado ya las costumbres y la praxis, contribuyendo a difundir una mentalidad antinatalista, que muchas veces se trata de transmitir también a otros estados como si fuera un progreso cultural.

Algunas organizaciones no gubernamentales, además, difunden el aborto, promoviendo a veces en los países pobres la adopción de la práctica de la esterilización, incluso en mujeres a quienes no se pide su consentimiento. Por añadidura, existe la sospecha fundada de que, en ocasiones, las ayudas al desarrollo se condicionan a determinadas políticas sanitarias que implican de hecho la imposición de un fuerte control de la natalidad. Preocupan también tanto las legislaciones que aceptan la eutanasia como las presiones de grupos nacionales e internacionales que reivindican su reconocimiento jurídico.

La apertura a la vida está en el centro del verdadero desarrollo. Cuando una sociedad se encamina hacia la negación y la supresión de la vida, acaba por no encontrar la motivación y la energía necesaria para esforzarse en el servicio del verdadero bien del hombre. Si se pierde la sensibilidad personal y social para acoger una nueva vida, también se marchitan otras formas de acogida provechosas para la vida social.[67] La acogida de la vida forja las energías morales y capacita para la ayuda recíproca. Fomentando la apertura a la vida, los pueblos ricos pueden comprender mejor las necesidades de los que son pobres, evitar el empleo de ingentes recursos económicos e intelectuales para satisfacer deseos egoístas entre los propios ciudadanos y promover, por el contrario, buenas actuaciones en la perspectiva de una producción moralmente sana y solidaria, en el respeto del derecho fundamental de cada pueblo y cada persona a la vida.

29. Hay otro aspecto de la vida de hoy, muy estrechamente unido con el desarrollo: la negación del *derecho a la libertad religiosa.* No me refiero sólo a las luchas y conflictos que todavía se producen en el mundo por motivos religiosos, aunque a veces la religión sea solamente una cobertura para razones de otro tipo, como el afán de poder y riqueza. En efecto, hoy se mata frecuentemente en el nombre sagrado de Dios, como muchas veces ha manifestado y deplorado públicamente mi predecesor Juan Pablo II y yo mismo.[68] La violencia frena el desarrollo auténtico e impide la evolución de los pueblos hacia un mayor bienestar socioeconómico y espiritual. Esto ocurre especialmente con el terrorismo de inspiración fundamentalista,[69] que causa dolor, devastación y muerte, bloquea el diálogo entre las naciones y desvía grandes recursos de su empleo pacífico y civil. No obstante, se ha de añadir que, además del fanatismo religioso que impide el ejercicio del derecho a la libertad de religión en algunos ambientes, también la promoción programada de la indiferencia religiosa o del ateísmo práctico por parte de muchos países contrasta con las necesidades del desarrollo de los pueblos, sustrayéndoles bienes espirituales y humanos. *Dios es el garante del verdadero desarrollo del hombre* en cuanto, habiéndolo creado a su imagen, funda también su dignidad trascendente y alimenta su anhelo constitutivo de « ser más ». El ser humano no es un átomo perdido en un universo casual,[70] sino una criatura de Dios, a quien Él ha querido dar un alma inmortal y al que ha amado desde siempre. Si el hombre fuera fruto sólo del azar o la necesidad, o si tuviera que reducir sus aspiraciones al horizonte angosto de las situaciones en que vive, si todo fuera únicamente historia y cultura, y el hombre no tuviera una naturaleza destinada a transcenderse en una vida sobrenatural, podría hablarse de incremento o de evolución, pero no de desarrollo. Cuando el Estado promueve, enseña, o incluso impone formas de ateísmo práctico, priva a sus ciudadanos de la fuerza moral y espiritual indispensable para comprometerse en el desarrollo humano integral y les impide avanzar con renovado dinamismo en su compromiso en favor de una respuesta humana más generosa al amor divino.[71] Y también se da el caso de que países económicamente desarrollados o emergentes exporten a los países pobres, en el contexto de sus relaciones culturales, comerciales y políticas, esta visión restringida de la persona y su destino. Éste es el daño que el « superdesarrollo »[72] produce al desarrollo auténtico, cuando va acompañado por el « subdesarrollo moral ».[73]

30. En esta línea, el tema del desarrollo humano integral adquiere un alcance aún más complejo: la correlación entre sus múltiples elementos exige un esfuerzo para que *los diferentes ámbitos del saber humano sean interactivos*, con vistas a la promoción de un verdadero desarrollo de los pueblos. Con frecuencia, se cree que basta aplicar el desarrollo o las medidas socioeconómicas correspondientes mediante una actuación común. Sin embargo, este actuar común necesita ser orientado, porque « toda acción social implica una doctrina ».[74] Teniendo en cuenta la complejidad de los problemas, es obvio que las diferentes disciplinas deben colaborar en una interdisciplinariedad ordenada. La caridad no excluye el saber, más bien lo exige, lo promueve y lo anima desde dentro. El saber nunca es sólo obra de la inteligencia. Ciertamente, puede reducirse a cálculo y experimentación, pero si quiere ser sabiduría capaz de orientar al hombre a la luz de los primeros principios y de su fin último, ha de ser « sazonado » con la « sal » de la caridad. Sin el saber, el hacer es ciego, y el saber es estéril sin el amor. En efecto, « el que está animado de una verdadera caridad es ingenioso para descubrir las causas de la miseria, para encontrar los medios de combatirla, para vencerla con intrepidez ».[75] Al afrontar los fenómenos que tenemos delante, la caridad en la verdad exige ante todo conocer y entender, conscientes y respetuosos de la competencia específica de cada ámbito del

41

saber. La caridad no es una añadidura posterior, casi como un apéndice al trabajo ya concluido de las diferentes disciplinas, sino que dialoga con ellas desde el principio. Las exigencias del amor no contradicen las de la razón. El saber humano es insuficiente y las conclusiones de las ciencias no podrán indicar por sí solas la vía hacia el desarrollo integral del hombre. Siempre hay que lanzarse más allá: lo exige la caridad en la verdad.[76] Pero ir más allá nunca significa prescindir de las conclusiones de la razón, ni contradecir sus resultados. No existe la inteligencia y después el amor: existe *el amor rico en inteligencia y la inteligencia llena de amor*.

31. Esto significa que la valoración moral y la investigación científica deben crecer juntas, y que la caridad ha de animarlas en un conjunto interdisciplinar armónico, hecho de unidad y distinción. La doctrina social de la Iglesia, que tiene « *una importante dimensión interdisciplinar* »,[77] puede desempeñar en esta perspectiva una función de eficacia extraordinaria. Permite a la fe, a la teología, a la metafísica y a las ciencias encontrar su lugar dentro de una colaboración al servicio del hombre. La doctrina social de la Iglesia ejerce especialmente en esto su dimensión sapiencial. Pablo VI vio con claridad que una de las causas del subdesarrollo es una falta de sabiduría, de reflexión, de pensamiento capaz de elaborar una síntesis orientadora,[78] y que requiere « una clara visión de todos los aspectos económicos, sociales, culturales y espirituales ».[79] La excesiva sectorización del saber,[80] el cerrarse de las ciencias humanas a la metafísica,[81] las dificultades del diálogo entre las ciencias y la teología, no sólo dañan el desarrollo del saber, sino también el desarrollo de los pueblos, pues, cuando eso ocurre, se obstaculiza la visión de todo el bien del hombre en las diferentes dimensiones que lo caracterizan. Es indispensable « ampliar nuestro concepto de razón y de su uso »[82] para conseguir ponderar adecuadamente todos los términos de la cuestión del desarrollo y de la solución de los problemas socioeconómicos.

32. Las grandes novedades que presenta hoy el cuadro del desarrollo de los pueblos plantean en muchos casos la exigencia de *nuevas soluciones*. Éstas han de buscarse, a la vez, en el respeto de las leyes propias de cada cosa y a la luz de una visión integral del hombre que refleje los diversos aspectos de la persona humana, considerada con la mirada purificada por la caridad. Así se descubrirán singulares convergencias y posibilidades concretas de solución, sin renunciar a ningún componente fundamental de la vida humana.

La dignidad de la persona y las exigencias de la justicia requieren, sobre todo hoy, que las opciones económicas no hagan aumentar de manera excesiva y moralmente inaceptable las desigualdades[83] y que se siga buscando como *prioridad el objetivo del acceso al trabajo* por parte de todos, o lo mantengan. Pensándolo bien, esto es también una exigencia de la « razón económica ». El aumento sistémico de las desigualdades entre grupos sociales dentro de un mismo país y entre las poblaciones de los diferentes países, es decir, el aumento masivo de la pobreza relativa, no sólo tiende a erosionar la cohesión social y, de este modo, poner en peligro la democracia, sino que tiene también un impacto negativo en el plano económico por el progresivo desgaste del « capital social », es decir, del conjunto de relaciones de confianza, fiabilidad y respeto de las normas, que son indispensables en toda convivencia civil.

La ciencia económica nos dice también que una situación de inseguridad estructural da origen a actitudes antiproductivas y al derroche de recursos humanos, en cuanto que el trabajador tiende a adaptarse pasivamente a los mecanismos automáticos, en vez de dar espacio a la creatividad. También sobre este punto hay una convergencia entre ciencia económica y valoración moral. *Los costes humanos son siempre también costes económicos* y las disfunciones económicas comportan igualmente costes humanos.

Además, se ha de recordar que rebajar las culturas a la dimensión tecnológica, aunque puede favorecer la obtención de beneficios a corto plazo, a la larga obstaculiza el enriquecimiento mutuo y las dinámicas de colaboración. Es importante distinguir entre consideraciones económicas o sociológicas a corto y largo plazo. Reducir el nivel de tutela de los derechos de los trabajadores y renunciar a mecanismos de redistribución del rédito con el fin de que el país adquiera mayor competitividad internacional, impiden consolidar un desarrollo duradero. Por tanto, se han de valorar cuidadosamente las consecuencias que tienen sobre las personas las tendencias actuales hacia una economía de corto, a veces brevísimo plazo. Esto exige « *una nueva y más profunda reflexión sobre el sentido de la economía y de sus fines* »,[84] además de una honda revisión con amplitud de miras del modelo de desarrollo, para corregir sus disfunciones y desviaciones. Lo exige, en realidad, el estado de salud ecológica del planeta; lo requiere sobre todo la crisis cultural y moral del hombre, cuyos síntomas son evidentes en todas las partes del mundo desde hace tiempo.

33. Más de cuarenta años después de la *Populorum progressio*, su argumento de fondo, el progreso, *sigue siendo aún un problema abierto*, que se ha hecho más agudo y perentorio por la crisis económico-financiera que se está produciendo. Aunque algunas zonas del planeta que sufrían la pobreza han experimentado cambios notables en términos de crecimiento económico y participación en la producción mundial, otras viven todavía en una situación de miseria comparable a la que había en tiempos de Pablo VI y, en algún caso, puede decirse que peor. Es significativo que algunas causas de esta situación fueran ya señaladas en la *Populorum progressio*, como por ejemplo, los altos aranceles aduaneros impuestos por los países económicamente desarrollados, que todavía impiden a los productos procedentes de los países pobres llegar a los mercados de los países ricos. En cambio, otras causas que la Encíclica sólo esbozó, han adquirido después mayor relieve. Este es el caso de la valoración del proceso de descolonización, por entonces en pleno auge. Pablo VI deseaba un itinerario autónomo que se recorriera en paz y libertad. Después de más de cuarenta años, hemos de reconocer lo difícil que ha sido este recorrido, tanto por nuevas formas de colonialismo y dependencia de antiguos y nuevos países hegemónicos, como por graves irresponsabilidades internas en los propios países que se han independizado.

La novedad principal ha sido el *estallido de la interdependencia planetaria*, ya comúnmente llamada globalización. Pablo VI lo había previsto parcialmente, pero es sorprendente el alcance y la impetuosidad de su auge. Surgido en los países económicamente desarrollados, este proceso ha implicado por su naturaleza a todas las economías. Ha sido el motor principal para que regiones enteras superaran el subdesarrollo y es, de por sí, una gran oportunidad. Sin embargo, sin la guía de la caridad en la verdad, este impulso planetario puede contribuir a crear riesgo de daños hasta ahora desconocidos y nuevas divisiones en la familia humana. Por eso, la caridad y la verdad nos plantean un compromiso inédito y creativo, ciertamente muy vasto y complejo. Se trata de *ensanchar la razón y hacerla capaz de conocer y orientar estas nuevas e imponentes dinámicas,* animándolas en la perspectiva de esa « civilización del amor », de la cual Dios ha puesto la semilla en cada pueblo y en cada cultura.

Capítulo Tercero

FRATERNIDAD, DESARROLLO ECONÓMICO Y SOCIEDAD CIVIL

34. *La caridad en la verdad* pone al hombre ante la sorprendente experiencia del don. La gratuidad está en su vida de muchas maneras, aunque frecuentemente pasa desapercibida debido a una visión de la existencia que antepone a todo la productividad y la utilidad. El ser humano está hecho para el don, el cual manifiesta y desarrolla su dimensión trascendente. A veces, el hombre moderno tiene la errónea convicción de ser el único autor de sí mismo, de su vida y de la sociedad. Es una presunción fruto de la cerrazón egoísta en sí mismo, que procede —por decirlo con una expresión creyente— del *pecado de los orígenes*. La sabiduría de la Iglesia ha invitado siempre a no olvidar la realidad del pecado original, ni siquiera en la interpretación de los fenómenos sociales y en la construcción de la sociedad: « Ignorar que el hombre posee una naturaleza herida, inclinada al mal, da lugar a graves errores en el dominio de la educación, de la política, de la acción social y de las costumbres ».[85] Hace tiempo que la economía forma parte del conjunto de los ámbitos en que se manifiestan los efectos perniciosos del pecado. Nuestros días nos ofrecen una prueba evidente. Creerse autosuficiente y capaz de eliminar por sí mismo el mal de la historia ha inducido al hombre a confundir la felicidad y la salvación con formas inmanentes de bienestar material y de actuación social. Además, la exigencia de la economía de ser autónoma, de no estar sujeta a « injerencias » de carácter moral, ha llevado al hombre a abusar de los instrumentos económicos incluso de manera destructiva. Con el pasar del tiempo, estas posturas han desembocado en sistemas económicos, sociales y políticos que han tiranizado la libertad de la persona y de los organismos sociales y que, precisamente por eso, no han sido capaces de asegurar la justicia que prometían. Como he afirmado en la Encíclica *Spe salvi*, se elimina así de la historia la *esperanza cristiana*,[86] que no obstante es un poderoso recurso social al servicio del desarrollo humano integral, en la libertad y en la justicia. La esperanza sostiene a la razón y le da fuerza para orientar la voluntad.[87] Está ya presente en la fe, que la suscita. La caridad en la verdad se nutre de ella y, al mismo tiempo, la manifiesta. Al ser un don absolutamente gratuito de Dios, irrumpe en nuestra vida como algo que no es debido, que trasciende toda ley de justicia. Por su naturaleza, el don supera el mérito, su norma es sobreabundar. Nos precede en nuestra propia alma como signo de la presencia de Dios en nosotros y de sus expectativas para con nosotros. La verdad que, como la caridad es don, nos supera, como enseña San Agustín.[88] Incluso nuestra propia verdad, la de nuestra conciencia personal, ante todo, nos ha sido « dada ». En efecto, en todo proceso cognitivo la verdad no es producida por nosotros, sino que se encuentra o, mejor aún, se recibe. Como el amor, « no nace del pensamiento o la voluntad, sino que en cierto sentido se impone al ser humano ».[89]

Al ser un don recibido por todos, la caridad en la verdad es una fuerza que funda la comunidad, unifica a los hombres de manera que no haya barreras o confines. La comunidad humana puede ser organizada por nosotros mismos, pero nunca podrá ser sólo con sus propias fuerzas una comunidad plenamente fraterna ni aspirar a superar las fronteras, o convertirse en una comunidad universal. La unidad del género humano, la comunión fraterna más allá de toda división, nace de la palabra de Dios-Amor que nos convoca. Al afrontar esta cuestión decisiva, hemos de precisar, por un lado, que la lógica del don no excluye la justicia ni se yuxtapone a ella como un añadido externo en un segundo momento y, por otro, que el desarrollo económico, social y político necesita, si quiere ser auténticamente humano, dar espacio al *principio de gratuidad* como expresión de fraternidad.

35. Si hay confianza recíproca y generalizada, el *mercado* es la institución económica que permite el encuentro entre las personas, como agentes económicos que utilizan el contrato como norma de sus relaciones y que intercambian bienes y servicios de consumo para satisfacer sus necesidades y deseos. El mercado está sujeto a los principios de la llamada *justicia conmutativa*, que regula precisamente la relación entre dar y recibir entre iguales. Pero la doctrina social de la Iglesia no ha dejado nunca de subrayar la importancia de la *justicia distributiva* y de la *justicia social* para la economía de mercado, no sólo porque está dentro de un contexto social y político más amplio, sino también por la trama de relaciones en que se desenvuelve. En efecto, si el mercado se rige únicamente por el principio de la equivalencia del valor de los bienes que se intercambian, no llega a producir la

cohesión social que necesita para su buen funcionamiento. *Sin formas internas de solidaridad y de confianza
recíproca, el mercado no puede cumplir plenamente su
propia función económica.* Hoy, precisamente esta confianza ha fallado, y esta pérdida de confianza es algo
realmente grave.

Pablo VI subraya oportunamente en la *Populorum
progressio* que el sistema económico mismo se habría
aventajado con la práctica generalizada de la justicia,
pues los primeros beneficiarios del desarrollo de los
países pobres hubieran sido los países ricos.[90] No se trata
sólo de remediar el mal funcionamiento con las ayudas.
No se debe considerar a los pobres como un « fardo »,[91]
sino como una riqueza incluso desde el punto de vista
estrictamente económico. No obstante, se ha de considerar equivocada la visión de quienes piensan que la
economía de mercado tiene necesidad estructural de
una cuota de pobreza y de subdesarrollo para funcionar
mejor. Al mercado le interesa promover la emancipación, pero no puede lograrlo por sí mismo, porque no
puede producir lo que está fuera de su alcance. Ha de
sacar fuerzas morales de otras instancias que sean capaces de generarlas.

36. La actividad económica no puede resolver todos
los problemas sociales ampliando sin más la *lógica mer-
cantil.* Debe estar *ordenada a la consecución del bien común,*
que es responsabilidad sobre todo de la comunidad
política. Por tanto, se debe tener presente que separar la
gestión económica, a la que correspondería únicamente
producir riqueza, de la acción política, que tendría el
papel de conseguir la justicia mediante la redistribución,
es causa de graves desequilibrios.

La Iglesia sostiene siempre que la actividad económica no debe considerarse antisocial. Por eso, el mercado no es ni debe convertirse en el ámbito donde el más fuerte avasalle al más débil. La sociedad no debe protegerse del mercado, pensando que su desarrollo comporta *ipso facto* la muerte de las relaciones auténticamente humanas. Es verdad que el mercado puede orientarse en sentido negativo, pero no por su propia naturaleza, sino por una cierta ideología que lo guía en este sentido. No se debe olvidar que el mercado no existe en su estado puro, se adapta a las configuraciones culturales que lo concretan y condicionan. En efecto, la economía y las finanzas, al ser instrumentos, pueden ser mal utilizados cuando quien los gestiona tiene sólo referencias egoístas. De esta forma, se puede llegar a transformar medios de por sí buenos en perniciosos. Lo que produce estas consecuencias es la razón oscurecida del hombre, no el medio en cuanto tal. Por eso, no se deben hacer reproches al medio o instrumento sino al hombre, a su conciencia moral y a su responsabilidad personal y social.

La doctrina social de la Iglesia sostiene que se pueden vivir relaciones auténticamente humanas, de amistad y de sociabilidad, de solidaridad y de reciprocidad, también dentro de la actividad económica y no solamente fuera o « después » de ella. El sector económico no es ni éticamente neutro ni inhumano o antisocial por naturaleza. Es una actividad del hombre y, precisamente porque es humana, debe ser articulada e institucionalizada éticamente.

El gran desafío que tenemos, planteado por las dificultades del desarrollo en este tiempo de globalización y agravado por la crisis económico-financiera actual, es mostrar, tanto en el orden de las ideas como de los comportamientos, que no sólo no se pueden olvidar o debilitar los principios tradicionales de la ética social, como la trasparencia, la honestidad y la responsabilidad, sino que en las *relaciones mercantiles el principio de gratuidad* y la lógica del don, como expresiones de fraternidad, pueden y deben *tener espacio en la actividad económica ordinaria.* Esto es una exigencia del hombre en el momento actual, pero también de la razón económica misma. Una exigencia de la caridad y de la verdad al mismo tiempo.

37. La doctrina social de la Iglesia ha sostenido siempre que la justicia afecta a todas las fases de la actividad económica, porque en todo momento tiene que ver con el hombre y con sus derechos. La obtención de recursos, la financiación, la producción, el consumo y todas las fases del proceso económico tienen ineludiblemente implicaciones morales. Así, *toda decisión económica tiene consecuencias de carácter moral.* Lo confirman las ciencias sociales y las tendencias de la economía contemporánea. Hace algún tiempo, tal vez se podía confiar primero a la economía la producción de riqueza y asignar después a la política la tarea de su distribución. Hoy resulta más difícil, dado que las actividades económicas no se limitan a territorios definidos, mientras que las autoridades gubernativas siguen siendo sobre todo locales. Además, las normas de justicia deben ser respetadas desde el principio y durante el proceso económico, y no sólo después o colateralmente. Para eso es necesario que en el mercado se dé cabida a actividades económicas de sujetos que optan libremente por ejercer su gestión movidos por principios distintos al del mero beneficio, sin renunciar por ello a producir valor económico. Muchos planteamientos económicos provenientes de iniciativas religiosas y laicas demuestran que esto es realmente posible.

En la época de la globalización, la economía refleja modelos competitivos vinculados a culturas muy diversas entre sí. El comportamiento económico y empresarial que se desprende tiene en común principalmente el respeto de la justicia conmutativa. Indudablemente, la *vida económica* tiene necesidad del *contrato* para regular las relaciones de intercambio entre valores equivalentes. Pero necesita igualmente *leyes justas y formas de redistribución* guiadas por la política, además de obras caracterizadas por el *espíritu del don*. La economía globalizada parece privilegiar la primera lógica, la del intercambio contractual, pero directa o indirectamente demuestra que necesita a las otras dos, la lógica de la política y la lógica del don sin contrapartida.

38. En la *Centesimus annus*, mi predecesor Juan Pablo II señaló esta problemática al advertir la necesidad de un sistema basado en tres instancias: el *mercado*, el *Estado* y la *sociedad civil*.[92] Consideró que la sociedad civil era el ámbito más apropiado para una *economía de la gratuidad* y de la fraternidad, sin negarla en los otros dos ámbitos. Hoy podemos decir que la vida económica debe ser comprendida como una realidad de múltiples dimensiones: en todas ellas, aunque en medida diferente y con modalidades específicas, debe haber respeto a la reciprocidad fraterna. En la época de la globalización, la actividad económica no puede prescindir de la gratuidad, que fomenta y extiende la solidaridad y la responsabilidad por la justicia y el bien común en sus diversas instancias y agentes. Se trata, en definitiva, de una forma concreta y profunda de democracia económica. La solidaridad es en primer lugar que todos se sientan responsables de todos;[93] por tanto no se la puede dejar solamente en manos del Estado. Mientras antes se podía pensar que lo primero era alcanzar la justicia y que la gratuidad venía después como un complemento, hoy es necesario decir que sin la gratuidad no se alcanza ni siquiera la justicia. Se requiere, por tanto, un mercado en el cual puedan operar libremente, con igualdad de oportunidades, empresas que persiguen fines institucionales diversos. Junto a la empresa privada, orientada al beneficio, y los diferentes tipos de empresa pública, deben poderse establecer y desenvolver aquellas organizaciones productivas que persiguen fines mutualistas y sociales. De su recíproca interacción en el mercado se puede esperar una especie de combinación entre los comportamientos de empresa y, con ella, una atención más sensible a una *civilización de la economía*. En este caso, caridad en la verdad significa la necesidad de dar forma y organización a las iniciativas económicas que, sin renunciar al beneficio, quieren ir más allá de la lógica del intercambio de cosas equivalentes y del lucro como fin en sí mismo.

39. Pablo VI pedía en la *Populorum progressio* que se llegase a un *modelo de economía de mercado capaz de incluir, al menos tendencialmente, a todos los pueblos, y no solamente a los particularmente dotados*. Pedía un compromiso para promover un mundo más humano para todos, un mundo « en donde todos tengan que dar y recibir, sin que el progreso de los unos sea un obstáculo para el desarrollo de los otros ».[94] Así, extendía al plano universal las mismas exigencias y aspiraciones de la *Rerum novarum*, escrita como consecuencia de la revolución industrial, cuando se afirmó por primera vez la idea —seguramente avanzada para aquel tiempo— de que el orden civil, para sostenerse, necesitaba la intervención redistributiva del Estado. Hoy, esta visión de la *Rerum novarum*, además de puesta en crisis por los procesos de apertura de los mercados y de las sociedades, se muestra incompleta para satisfacer las exigencias de una economía plenamente humana. Lo que la doctrina de la Iglesia ha sostenido siempre, partiendo de su visión del hombre y de la sociedad, es necesario también hoy para las dinámicas características de la globalización.

Cuando la lógica del mercado y la lógica del Estado se ponen de acuerdo para mantener el monopolio de sus respectivos ámbitos de influencia, se debilita a la larga la solidaridad en las relaciones entre los ciudadanos, la participación y el sentido de pertenencia, que no se identifican con el « dar para tener », propio de la lógica de la compraventa, ni con el « dar por deber », propio de la lógica de las intervenciones públicas, que el Estado impone por ley. La victoria sobre el subdesarrollo requiere actuar no sólo en la mejora de las transacciones basadas en la compraventa, o en las transferencias de las estructuras asistenciales de carácter público, sino sobre todo en la *apertura progresiva en el contexto mundial a formas de actividad económica caracterizada por ciertos márgenes de gratuidad y comunión*. El binomio exclusivo mercado-Estado corroe la sociabilidad, mientras que las formas de economía solidaria, que encuentran su mejor terreno en la sociedad civil aunque no se reducen a ella, crean sociabilidad. El mercado de la gratuidad no existe y las actitudes gratuitas no se pueden prescribir por ley.

Sin embargo, tanto el mercado como la política tienen necesidad de personas abiertas al don recíproco.

40. Las actuales dinámicas económicas internacionales, caracterizadas por graves distorsiones y disfunciones, requieren también *cambios profundos en el modo de entender la empresa*. Antiguas modalidades de la vida empresarial van desapareciendo, mientras otras más prometedoras se perfilan en el horizonte. Uno de los mayores riesgos es sin duda que la empresa responda casi exclusivamente a las expectativas de los inversores en detrimento de su dimensión social. Debido a su continuo crecimiento y a la necesidad de mayores capitales, cada vez son menos las empresas que dependen de un único empresario estable que se sienta responsable a largo plazo, y no sólo por poco tiempo, de la vida y los resultados de su empresa, y cada vez son menos las empresas que dependen de un único territorio. Además, la llamada deslocalización de la actividad productiva puede atenuar en el empresario el sentido de responsabilidad respecto a los interesados, como los trabajadores, los proveedores, los consumidores, así como al medio ambiente y a la sociedad más amplia que lo rodea, en favor de los accionistas, que no están sujetos a un espacio concreto y gozan por tanto de una extraordinaria movilidad. El mercado internacional de los capitales, en efecto, ofrece hoy una gran libertad de acción. Sin embargo, también es verdad que se está extendiendo la conciencia de la necesidad de una « responsabilidad social » más amplia de la empresa. Aunque no todos los planteamientos éticos que guían hoy el debate sobre la responsabilidad social de la empresa son aceptables según la perspectiva de la doctrina social de la Iglesia, es cierto que se va difundiendo cada vez más la convicción según la cual la *gestión de la empresa no puede tener en cuenta únicamente el interés de sus propietarios, sino también el de todos los otros sujetos que contribuyen a la vida de la empresa*: trabajadores, clientes, proveedores de los diversos elementos de producción, la comunidad de referencia. En los últimos años se ha notado el crecimiento de una clase cosmopolita de *manager*, que a menudo responde sólo a las pretensiones de los nuevos accionistas de referencia compuestos generalmente por fondos anónimos que establecen su retribución. Pero también hay muchos managers hoy que, con un análisis más previsor, se percatan cada vez más de los profundos lazos de su empresa con el territorio o territorios en que desarrolla su actividad. Pablo VI invitaba a valorar seriamente el daño que la trasferencia de capitales al extranjero, por puro provecho personal, puede ocasionar a la propia nación.[95] Juan Pablo II advertía que *invertir tiene siempre un significado moral*, además de económico.[96] Se ha de reiterar que todo esto mantiene su validez en nuestros días a pesar de que el mercado de capitales haya sido fuertemente liberalizado y la moderna mentalidad tecnológica pueda inducir a pensar que invertir es sólo un hecho técnico y no humano ni ético. No se puede negar que un cierto capital puede hacer el bien cuando se invierte en el extranjero en vez de en la propia patria. Pero deben quedar a salvo los vínculos de justicia, teniendo en cuenta también cómo se ha formado ese capital y los perjuicios que comporta para las personas el que no se emplee en los lugares donde se ha generado.[97] Se ha de evitar que el *empleo de recursos financieros* esté motivado por la especulación y ceda a la tentación de buscar únicamente un beneficio inmediato, en vez de la sostenibilidad de la empresa a largo plazo, su propio servicio a la economía real y la promoción, en modo adecuado y oportuno, de iniciativas económicas también en los países necesitados de desarrollo. Tampoco hay motivos para negar que la deslocalización, que lleva consigo inversiones y formación, puede hacer bien a la población del país que la recibe. El trabajo y los conocimientos técnicos son una necesidad universal. Sin embargo, no es lícito deslocalizar únicamente para aprovechar particulares condiciones favorables, o peor aún, para explotar sin aportar a la sociedad local una verdadera contribución para el nacimiento de un sólido sistema productivo y social, factor imprescindible para un desarrollo estable.

41. A este respecto, es útil observar que la *iniciativa empresarial* tiene, y debe asumir cada vez más, un *significado polivalente*. El predominio persistente del binomio mercado Estado nos ha acostumbrado a pensar exclusivamente en el empresario privado de tipo capitalista por un lado y en el directivo estatal por otro. En realidad, la iniciativa empresarial se ha de entender de modo articulado. Así lo revelan diversas motivaciones metaeconómicas. El ser empresario, antes de tener un significado profesional, tiene un significado humano.[98] Es propio de todo trabajo visto como « *actus personae* »[99] y por eso es bueno que todo trabajador tenga la posibilidad de dar la propia aportación a su labor, de modo que él mismo « sea consciente de que está trabajando en algo propio ».[100] Por eso, Pablo VI enseñaba que « todo trabajador es un creador ».[101] Precisamente para responder a las exigencias y a la dignidad de quien trabaja, y a las necesidades de la sociedad, existen varios tipos de empresas, más allá de la pura distinción entre « privado » y « público ». Cada una requiere y manifiesta una capacidad de iniciativa empresarial específica. Para realizar una economía que en el futuro próximo sepa ponerse al servicio del bien común nacional y mundial, es oportuno tener en cuenta este significado amplio de iniciativa empresarial. Esta concepción más amplia favorece el intercambio y la mutua configuración entre los diversos tipos de iniciativa empresarial, con transvase de competencias del mundo *non profit* al *profit* y viceversa, del público al propio de la sociedad civil, del de las economías avanzadas al de países en vía de desarrollo.

También la « *autoridad política* » tiene un *significado polivalente*, que no se puede olvidar mientras se camina hacia la consecución de un nuevo orden económico-productivo, socialmente responsable y a medida del hombre. Al igual que se pretende cultivar una iniciativa empresarial diferenciada en el ámbito mundial, también se debe promover una autoridad política repartida y que ha de actuar en diversos planos. El mercado único de nuestros días no elimina el papel de los estados, más bien obliga a los gobiernos a una colaboración recíproca más estrecha. La sabiduría y la prudencia aconsejan no proclamar apresuradamente la desaparición del Estado. Con relación a la solución de la crisis actual, su papel parece destinado a crecer, recuperando muchas competencias. Hay naciones donde la construcción o reconstrucción del Estado sigue siendo un elemento clave para su desarrollo. *La ayuda internacional*, precisamente dentro de un proyecto inspirado en la solidaridad para solucionar los actuales problemas económicos, debería apoyar en primer lugar la consolidación de los sistemas constitucionales, jurídicos y administrativos en los países que todavía no gozan plenamente de estos bienes. Las ayudas económicas deberían ir acompañadas de aquellas medidas destinadas a reforzar las garantías propias de un *Estado de derecho,* un sistema de orden público y de prisiones respetuoso de los derechos humanos y a consolidar instituciones verdaderamente democráticas. No es necesario que el Estado tenga las mismas características en todos los sitios: el fortalecimiento de los sistemas constitucionales débiles puede ir acompañado perfectamente por el desarrollo de otras instancias políticas no estatales, de carácter cultural, social, territorial o religioso. Además, la articulación de la autoridad política en el ámbito local, nacional o internacional, es uno de los cauces privilegiados para poder orientar la globalización económica. Y también el modo de evitar que ésta mine de hecho los fundamentos de la democracia.

42. A veces se perciben actitudes fatalistas ante la *globalización,* como si las dinámicas que la producen procedieran de fuerzas anónimas e impersonales o de estructuras independientes de la voluntad humana.[102] A este respecto, es bueno recordar que la globalización ha de entenderse ciertamente como un proceso socioeconómico, pero no es ésta su única dimensión. Tras este proceso más visible hay realmente una humanidad cada vez más interrelacionada; hay personas y pueblos para los que el proceso debe ser de utilidad y desarrollo,[103] gracias a que tanto los individuos como la colectividad asumen sus respectivas responsabilidades. La superación de las fronteras no es sólo un hecho material, sino también cultural, en sus causas y en sus efectos. Cuando se entiende la globalización de manera determinista, se pierden los criterios para valorarla y orientarla. Es una realidad humana y puede ser fruto de diversas corrientes culturales que han de ser sometidas a un discernimiento. La verdad de la globalización como proceso y su criterio ético fundamental vienen dados por la unidad de la familia humana y su crecimiento en el bien. Por tanto, hay que esforzarse incesantemente para favorecer una *orientación cultural personalista y comunitaria, abierta a la trascendencia, del proceso de integración planetaria.*

A pesar de algunos aspectos estructurales innegables, pero que no se deben absolutizar, « la globalización no es, a *priori*, ni buena ni mala. Será lo que la gente haga de ella ».[104] Debemos ser sus protagonistas, no las víctimas, procediendo razonablemente, guiados por la caridad y la verdad. Oponerse ciegamente a la globalización sería una actitud errónea, preconcebida, que acabaría por ignorar un proceso que tiene también aspectos positivos, con el riesgo de perder una gran ocasión para aprovechar las múltiples oportunidades de desarrollo que ofrece. El proceso de globalización, adecuadamente entendido y gestionado, ofrece la posibilidad de una gran redistribución de la riqueza a escala planetaria como nunca se ha visto antes; pero, si se gestiona mal, puede incrementar la pobreza y la desigualdad, contagiando además con una crisis a todo el mundo. Es necesario *corregir las disfunciones*, a veces graves, que causan nuevas divisiones entre los pueblos y en su interior, de modo que la redistribución de la riqueza no comporte una redistribución de la pobreza, e incluso la acentúe, como podría hacernos temer también una mala gestión de la situación actual. Durante mucho tiempo se ha pensado que los pueblos pobres deberían permanecer anclados en un estadio de desarrollo preestablecido o contentarse con la filantropía de los pueblos desarrollados. Pablo VI se pronunció contra esta mentalidad en la *Populorum progressio*. Los recursos materiales disponibles para sacar a estos pueblos de la miseria son hoy potencialmente mayores que antes, pero se han servido de ellos principalmente los países desarrollados, que han podido aprovechar mejor la liberalización de los movimientos de capitales y de trabajo. Por tanto, la difusión de ámbitos de bienestar en el mundo no debería ser obstaculizada con proyectos egoístas, proteccionistas o dictados por intereses particulares. En efecto, la participación de países emergentes o en vías de desarrollo permite hoy gestionar mejor la crisis. La transición que el proceso de globalización comporta, conlleva grandes dificultades y peligros, que sólo se podrán superar si se toma conciencia del espíritu antropológico y ético que en el fondo impulsa la globalización hacia metas de humanización solidaria. Desgraciadamente, este espíritu se ve con frecuencia marginado y entendido desde perspectivas ético-culturales de carácter individualista y utilitarista. La globalización es un fenómeno multidimensional y polivalente, que exige ser comprendido en la diversidad y en la unidad de todas sus dimensiones, incluida la teológica. Esto consentirá vivir y *orientar la globalización de la humanidad en términos de relacionalidad, comunión y participación*.

Capítulo cuarto

DESARROLLO DE LOS PUEBLOS, DERECHOS Y DEBERES, AMBIENTE

43. « La solidaridad universal, que es un hecho y un beneficio para todos, es también un deber ».[105] En la actualidad, muchos pretenden pensar que no deben nada a nadie, si no es a sí mismos. Piensan que sólo son titulares de derechos y con frecuencia les cuesta madurar en su responsabilidad respecto al desarrollo integral propio y ajeno. Por ello, es importante urgir una nueva reflexión sobre los *deberes que los derechos presuponen, y sin los cuales éstos se convierten en algo arbitrario.*[106] Hoy se da una profunda contradicción. Mientras, por un lado, se reivindican presuntos derechos, de carácter arbitrario y voluptuoso, con la pretensión de que las estructuras públicas los reconozcan y promuevan, por otro, hay derechos elementales y fundamentales que se ignoran y violan en gran parte de la humanidad.[107] Se aprecia con frecuencia una relación entre la reivindicación del derecho a lo superfluo, e incluso a la transgresión y al vicio, en las sociedades opulentas, y la carencia de comida, agua potable, instrucción básica o cuidados sanitarios elementales en ciertas regiones del mundo subdesarrollado y también en la periferia de las grandes ciudades. Dicha relación consiste en que los derechos individuales, desvinculados de un conjunto de deberes que les dé

63

un sentido profundo, se desquician y dan lugar a una espiral de exigencias prácticamente ilimitada y carente de criterios. La exacerbación de los derechos conduce al olvido de los deberes. Los deberes delimitan los derechos porque remiten a un marco antropológico y ético en cuya verdad se insertan también los derechos y así dejan de ser arbitrarios. Por este motivo, los deberes refuerzan los derechos y reclaman que se los defienda y promueva como un compromiso al servicio del bien. En cambio, si los derechos del hombre se fundamentan sólo en las deliberaciones de una asamblea de ciudadanos, pueden ser cambiados en cualquier momento y, consiguientemente, se relaja en la conciencia común el deber de respetarlos y tratar de conseguirlos. Los gobiernos y los organismos internacionales pueden olvidar entonces la objetividad y la cualidad de « no disponibles » de los derechos. Cuando esto sucede, se pone en peligro el verdadero desarrollo de los pueblos.[108] Comportamientos como éstos comprometen la autoridad moral de los organismos internacionales, sobre todo a los ojos de los países más necesitados de desarrollo. En efecto, éstos exigen que la comunidad internacional asuma como un deber ayudarles a ser « artífices de su destino »,[109] es decir, a que asuman a su vez deberes. *Compartir los deberes recíprocos moviliza mucho más que la mera reivindicación de derechos.*

44. La concepción de los derechos y de los deberes respecto al desarrollo, debe tener también en cuenta los problemas relacionados con el *crecimiento demográfico.* Es un aspecto muy importante del verdadero desarrollo, porque afecta a los valores irrenunciables de la vida y de la familia.[110] No es correcto considerar el aumento de población como la primera causa del subdesarrollo, incluso desde el punto de vista económico: baste pensar, por un lado, en la notable disminución de la mortalidad infantil y al aumento de la edad media que se produce en los países económicamente desarrollados y, por otra, en los signos de crisis que se perciben en la sociedades en las que se constata una preocupante disminución de la natalidad. Obviamente, se ha de seguir prestando la debida atención a una procreación responsable que, por lo demás, es una contribución efectiva al desarrollo humano integral. La Iglesia, que se interesa por el verdadero desarrollo del hombre, exhorta a éste a que respete los valores humanos también en el ejercicio de la sexualidad: ésta no puede quedar reducida a un mero hecho hedonista y lúdico, del mismo modo que la educación sexual no se puede limitar a una instrucción técnica, con la única preocupación de proteger a los interesados de eventuales contagios o del « riesgo » de procrear. Esto equivaldría a empobrecer y descuidar el significado profundo de la sexualidad, que debe ser en cambio reconocido y asumido con responsabilidad por la persona y la comunidad. En efecto, la responsabilidad evita tanto que se considere la sexualidad como una simple fuente de placer, como que se regule con políticas de planificación forzada de la natalidad. En ambos casos se trata de concepciones y políticas materialistas, en las que las personas acaban padeciendo diversas formas de violencia. Frente a todo esto, se debe resaltar la competencia primordial que en este campo tienen las familias[111] respecto del Estado y sus políticas restrictivas, así como una adecuada educación de los padres.

La apertura moralmente responsable a la vida es una riqueza social y económica. Grandes naciones han podido salir de la miseria gracias también al gran número y a la capacidad de sus habitantes. Al contrario, naciones en un tiempo florecientes pasan ahora por una fase de incertidumbre, y en algún caso de decadencia, precisamente a causa del bajo índice de natalidad, un problema crucial para las sociedades de mayor bienestar. La disminución de los nacimientos, a veces por debajo del llamado « índice de reemplazo generacional », pone en crisis incluso a los sistemas de asistencia social, aumenta los costes, merma la reserva del ahorro y, consiguientemente, los recursos financieros necesarios para las inversiones, reduce la disponibilidad de trabajadores cualificados y disminuye la reserva de « cerebros » a los que recurrir para las necesidades de la nación. Además, las familias pequeñas, o muy pequeñas a veces, corren el riesgo de empobrecer las relaciones sociales y de no asegurar formas eficaces de solidaridad. Son situaciones que presentan síntomas de escasa confianza en el futuro y de fatiga moral. Por eso, se convierte en una necesidad social, e incluso económica, seguir proponiendo a las nuevas generaciones la hermosura de la familia y del matrimonio, su sintonía con las exigencias más profundas del corazón y de la dignidad de la persona. En esta perspectiva, los estados están llamados a *establecer políticas que promuevan la centralidad y la integridad de la familia*, fundada en el matrimonio entre un hombre y una mujer, célula primordial y vital de la sociedad,[112] haciéndose cargo también de sus problemas económicos y fiscales, en el respeto de su naturaleza relacional.

45. Responder a las exigencias morales más profundas de la persona tiene también importantes efectos beneficiosos en el plano económico. En efecto, *la economía tiene necesidad de la ética para su correcto funcionamiento*; no de una ética cualquiera, sino de una ética amiga de la persona. Hoy se habla mucho de ética en el campo económico, bancario y empresarial. Surgen centros de estudio y programas formativos de *business ethics*; se difunde en el mundo desarrollado el sistema de certificaciones éticas, siguiendo la línea del movimiento de ideas nacido en torno a la responsabilidad social de la empresa. Los bancos proponen cuentas y fondos de inversión llamados « éticos ». Se desarrolla una « finanza ética », sobre todo mediante el microcrédito y, más en general, la microfinanciación. Dichos procesos son apreciados y merecen un amplio apoyo. Sus efectos positivos llegan incluso a las áreas menos desarrolladas de la tierra. Conviene, sin embargo, elaborar un criterio de discernimiento válido, pues se nota un cierto abuso del adjetivo « ético » que, usado de manera genérica, puede abarcar también contenidos completamente distintos, hasta el punto de hacer pasar por éticas decisiones y opciones contrarias a la justicia y al verdadero bien del hombre.

En efecto, mucho depende del sistema moral de referencia. Sobre este aspecto, la doctrina social de la Iglesia ofrece una aportación específica, que se funda en la creación del hombre « a imagen de Dios » (Gn 1,27), algo que comporta la inviolable dignidad de la persona humana, así como el valor trascendente de las normas morales naturales. Una ética económica que prescinda de estos dos pilares correría el peligro de perder inevitablemente su propio significado y prestarse así a ser instrumentalizada; más concretamente, correría el riesgo de amoldarse a los sistemas económicofinancieros existentes, en vez de corregir sus disfunciones. Además, podría acabar incluso justificando la financiación de proyectos no éticos. Es necesario, pues, no recurrir a la palabra « ética » de una manera ideológicamente discriminatoria, dando a entender que no serían éticas las iniciativas no etiquetadas formalmente con esa cualificación. Conviene esforzarse —la observación aquí es esencial— no sólo para que surjan sectores o segmentos « éticos » de la economía o de las finanzas, sino para que toda la economía y las finanzas sean éticas y lo sean no por una etiqueta externa, sino por el respeto de exigencias intrínsecas de su propia naturaleza. A este respecto, la doctrina social de la Iglesia habla con claridad, recordando que la economía, en todas sus ramas, es un sector de la actividad humana.[113]

46. Respecto al tema de la *relación entre empresa y ética*, así como de la evolución que está teniendo el sistema productivo, parece que la distinción hasta ahora más difundida entre empresas destinadas al beneficio (*profit*) y organizaciones sin ánimo de lucro (*non profit*) ya no refleja plenamente la realidad, ni es capaz de orientar eficazmente el futuro. En estos últimos decenios, ha ido surgiendo una amplia zona intermedia entre los dos tipos de empresas. Esa zona intermedia está compuesta por empresas tradicionales que, sin embargo, suscriben pactos de ayuda a países atrasados; por fundaciones promovidas por empresas concretas; por grupos de empresas que tienen objetivos de utilidad social; por el amplio mundo de agentes de la llamada economía civil y de comunión. No se trata sólo de un « tercer sector », sino de una nueva y amplia realidad compuesta, que implica al sector privado y público y que no excluye el beneficio, pero lo considera instrumento para objetivos humanos y sociales. Que estas empresas distribuyan más o menos los beneficios, o que adopten una u otra configuración jurídica prevista por la ley, es secundario respecto a su disponibilidad para concebir la ganancia como un instrumento para alcanzar objetivos de humanización del mercado y de la sociedad. Es de desear que estas nuevas formas de empresa encuentren en todos los países también un marco jurídico y fiscal adecuado. Así, sin restar importancia y utilidad económica y social a las formas tradicionales de empresa, hacen evolucionar el sistema hacia una asunción más clara y plena de los deberes por parte de los agentes económicos. Y no sólo esto. *La misma pluralidad de las formas institucionales de empresa es lo que promueve un mercado más cívico y al mismo tiempo más competitivo.*

47. La potenciación de los diversos tipos de empresas y, en particular, de los que son capaces de concebir el beneficio como un instrumento para conseguir objetivos de humanización del mercado y de la sociedad, hay que llevarla a cabo incluso en países excluidos o marginados de los circuitos de la economía global, donde es muy importante proceder con proyectos de subsidiaridad convenientemente diseñados y gestionados, que tiendan a promover los derechos, pero previendo siempre que se asuman también las correspondientes responsabilidades. En las *iniciativas para el desarrollo* debe quedar a salvo el principio de la *centralidad de la persona humana*, que es quien debe asumirse en primer lugar el deber del desarrollo. Lo que interesa principalmente es la mejora de las condiciones de vida de las personas concretas de una cierta región, para que puedan satisfacer aquellos deberes que la indigencia no les permite observar actualmente. La preocupación nunca puede ser una actitud abstracta. Los programas de desarrollo, para poder adaptarse a las situaciones concretas, han de ser flexibles; y las personas que se beneficien deben implicarse directamente en su planificación y convertirse en protagonistas de su realización. También es necesario aplicar los criterios de progresión y acompañamiento —incluido el seguimiento de los resultados—, porque no hay recetas universalmente válidas. Mucho depende de la gestión concreta de las intervenciones. « Constructores de su propio desarrollo, los pueblos son los primeros responsables de él. Pero no lo realizarán en el aislamiento ».[114] Hoy, con la consolidación del proceso de progresiva integración del planeta, esta exhortación de Pablo VI es más válida todavía. Las dinámicas de inclusión no tienen nada de mecánico. Las soluciones se han de ajustar a la vida de los pueblos y de las personas concretas, basándose en una valoración prudencial de cada situación. Al lado de los macroproyectos son necesarios los microproyectos y, sobre todo, es necesaria la movilización efectiva de todos los sujetos de la sociedad civil, tanto de las personas jurídicas como de las personas físicas.

La *cooperación internacional* necesita personas que participen en el proceso del desarrollo económico y humano, mediante la solidaridad de la presencia, el acompañamiento, la formación y el respeto. Desde este punto de vista, los propios organismos internacionales deberían preguntarse sobre la eficacia real de sus aparatos burocráticos y administrativos, frecuentemente demasiado costosos. A veces, el destinatario de las ayudas resulta útil para quien lo ayuda y, así, los pobres sirven para mantener costosos organismos burocráticos, que destinan a la propia conservación un porcentaje demasiado elevado de esos recursos que deberían ser destinados al desarrollo. A este respecto, cabría desear que los organismos internacionales y las organizaciones no gubernamentales se esforzaran por una transparencia total, informando a los donantes y a la opinión pública sobre la proporción de los fondos recibidos que se destina a programas de cooperación, sobre el verdadero contenido de dichos programas y, en fin, sobre la distribución de los gastos de la institución misma.

48. El tema del desarrollo está también muy unido hoy a los deberes que nacen de la *relación del hombre con el ambiente natural*. Éste es un don de Dios para todos, y su uso representa para nosotros una responsabilidad para con los pobres, las generaciones futuras y toda la humanidad. Cuando se considera la naturaleza, y en primer lugar al ser humano, fruto del azar o del determinismo evolutivo, disminuye el sentido de la responsabilidad en las conciencias. El creyente reconoce en la naturaleza el maravilloso resultado de la intervención creadora de Dios, que el hombre puede utilizar responsablemente para satisfacer sus legítimas necesidades —materiales e inmateriales— respetando el equilibrio inherente a la creación misma. Si se desvanece esta visión, se acaba por considerar la naturaleza como un tabú intocable o, al contrario, por abusar de ella. Ambas posturas no son conformes con la visión cristiana de la naturaleza, fruto de la creación de Dios.

La naturaleza es expresión de un proyecto de amor y de verdad. Ella nos precede y nos ha sido dada por Dios como ámbito de vida. Nos habla del Creador (cf. Rm 1,20) y de su amor a la humanidad. Está destinada a encontrar la « plenitud » en Cristo al final de los tiempos (cf. Ef 1,910; Col 1,19-20). También ella, por tanto, es una « vocación ».[115] La naturaleza está a nuestra disposición no como un « montón de desechos esparcidos al azar »,[116] sino como un don del Creador que ha diseñado sus estructuras intrínsecas para que el hombre descubra las orientaciones que se deben seguir para « guardarla y cultivarla » (cf. Gn 2,15). Pero se ha de subrayar que es contrario al verdadero desarrollo considerar la naturaleza como más importante que la persona humana misma. Esta postura conduce a actitudes neopaganas o de nuevo panteísmo: la salvación del hombre no puede venir únicamente de la naturaleza, entendida en sentido puramente naturalista. Por otra parte, también es necesario refutar la posición contraria, que mira a su completa tecnificación, porque el ambiente natural no es sólo materia disponible a nuestro gusto, sino obra admirable del Creador y que lleva en sí una « gramática » que indica finalidad y criterios para un uso inteligente, no instrumental y arbitrario. Hoy, muchos perjuicios al desarrollo provienen en realidad de estas maneras de pensar distorsionadas. Reducir completamente la naturaleza a un conjunto de simples datos fácticos acaba siendo fuente de violencia para con el ambiente, provocando además conductas que no respetan la naturaleza del hombre mismo. Ésta, en cuanto se compone no sólo de materia, sino también de espíritu, y por tanto rica de significados y fines trascendentes, tiene un carácter normativo incluso para

72

la cultura. El hombre interpreta y modela el ambiente natural mediante la cultura, la cual es orientada a su vez por la libertad responsable, atenta a los dictámenes de la ley moral. Por tanto, los proyectos para un desarrollo humano integral no pueden ignorar a las generaciones sucesivas, sino que han de caracterizarse por la solidaridad y la justicia intergeneracional, teniendo en cuenta múltiples aspectos, como el ecológico, el jurídico, el económico, el político y el cultural.[117]

49. Hoy, las cuestiones relacionadas con el cuidado y salvaguardia del ambiente han de tener debidamente en cuenta los *problemas energéticos*. En efecto, el acaparamiento por parte de algunos estados, grupos de poder y empresas de recursos energéticos no renovables, es un grave obstáculo para el desarrollo de los países pobres. Éstos no tienen medios económicos ni para acceder a las fuentes energéticas no renovables ya existentes ni para financiar la búsqueda de fuentes nuevas y alternativas. La acumulación de recursos naturales, que en muchos casos se encuentran precisamente en países pobres, causa explotación y conflictos frecuentes entre las naciones y en su interior. Dichos conflictos se producen con frecuencia precisamente en el territorio de esos países, con graves consecuencias de muertes, destrucción y mayor degradación aún. La comunidad internacional tiene el deber imprescindible de encontrar los modos institucionales para ordenar el aprovechamiento de los recursos no renovables, con la participación también de los países pobres, y planificar así conjuntamente el futuro.

En este sentido, hay también una *urgente necesidad moral de una renovada solidaridad*, especialmente en las relaciones entre países en vías de desarrollo y países altamente industrializados.[118] Las sociedades tecnológicamente avanzadas pueden y deben disminuir el propio gasto energético, bien porque las actividades manufactureras evolucionan, bien porque entre sus ciudadanos se difunde una mayor sensibilidad ecológica. Además, se debe añadir que hoy se puede mejorar la eficacia energética y al mismo tiempo progresar en la búsqueda de energías alternativas. Pero es también necesaria una redistribución planetaria de los recursos energéticos, de manera que también los países que no los tienen puedan acceder a ellos. Su destino no puede dejarse en manos del primero que llega o depender de la lógica del más fuerte. Se trata de problemas relevantes que, para ser afrontados de manera adecuada, requieren por parte de todos una responsable toma de conciencia de las consecuencias que afectarán a las nuevas generaciones, y sobre todo a los numerosos jóvenes que viven en los pueblos pobres, los cuales « reclaman tener su parte activa en la construcción de un mundo mejor ».[119]

50. Esta responsabilidad es global, porque no concierne sólo a la energía, sino a toda la creación, para no dejarla a las nuevas generaciones empobrecida en sus recursos. Es lícito que el hombre *gobierne responsablemente la naturaleza* para custodiarla, hacerla productiva y cultivarla también con métodos nuevos y tecnologías avanzadas, de modo que pueda acoger y alimentar dignamente a la población que la habita. En nuestra tierra hay lugar para todos: en ella toda la familia humana debe encontrar los recursos necesarios para vivir dignamente, con la ayuda de la naturaleza misma, don de Dios a sus hijos, con el tesón del propio trabajo y de la propia inventiva. Pero debemos considerar un deber muy grave el dejar la tierra a las nuevas generaciones en un estado en el que puedan habitarla dignamente y seguir cultivándola. Eso comporta « el compromiso de decidir juntos después de haber ponderado responsablemente la vía a seguir, con el objetivo de fortalecer esa *alianza entre ser humano y medio ambiente* que ha de ser reflejo del amor creador de Dios, del cual procedemos y hacia el cual caminamos ».[120] Es de desear que la comunidad internacional y cada gobierno sepan contrarrestar eficazmente los modos de utilizar el ambiente que le sean nocivos. Y también las autoridades competentes han de hacer los esfuerzos necesarios para que los costes económicos y sociales que se derivan del uso de los recursos ambientales comunes se reconozcan de manera transparente y sean sufragados totalmente por aquellos que se benefician, y no por otros o por las futuras generaciones. La protección del entorno, de los recursos y del clima requiere que todos los responsables internacionales actúen conjuntamente y demuestren prontitud para obrar de buena fe, en el respeto de la ley y la solidaridad con las regiones más débiles del planeta.[121] Una de las mayores tareas de la economía es precisamente el uso más eficaz de los recursos, no el abuso, teniendo siempre presente que el concepto de eficiencia no es axiológicamente neutral.

51. El modo en que el hombre trata el ambiente influye en la manera en que se trata a sí mismo, y viceversa. Esto exige que la sociedad actual revise seriamente su estilo de vida que, en muchas partes del mundo, tiende al hedonismo y al consumismo, despreocupándose de los daños que de ello se derivan.[122] Es necesario un cambio efectivo de mentalidad que nos lleve a adoptar *nuevos estilos de vida*, « a tenor de los cuales la búsqueda de la verdad, de la belleza y del bien, así como la comunión con los demás hombres para un crecimiento común sean los elementos que determinen las opciones del consumo, de los ahorros y de las inversiones ».[123] Cualquier menoscabo de la solidaridad y del civismo produce daños ambientales, así como la degradación ambiental, a su vez, provoca insatisfacción en las relaciones sociales. La naturaleza, especialmente en nuestra época, está tan integrada en la dinámica social y culturales que prácticamente ya no constituye una variable independiente. La desertización y el empobrecimiento productivo de algunas áreas agrícolas son también fruto del empobrecimiento de sus habitantes y de su atraso. Cuando se promueve el desarrollo económico y cultural de estas poblaciones, se tutela también la naturaleza. Además, muchos recursos naturales quedan devastados con las guerras. La paz de los pueblos y entre los pueblos permitiría también una mayor salvaguardia de la naturaleza. El acaparamiento de los recursos, especialmente del agua, puede provocar graves conflictos entre las poblaciones afectadas. Un acuerdo pacífico sobre el uso de los recursos puede salvaguardar la naturaleza y, al mismo tiempo, el bienestar de las sociedades interesadas.

La Iglesia tiene una responsabilidad respecto a la creación y la debe hacer valer en público. Y, al hacerlo, no sólo debe defender la tierra, el agua y el aire como dones de la creación que pertenecen a todos. Debe proteger sobre todo al hombre contra la destrucción de sí mismo. Es necesario que exista una especie de ecología del hombre bien entendida. En efecto, la degradación de la naturaleza está estrechamente unida a la cultura que modela la convivencia humana: *cuando se respeta la* « ecología

76

humana »[124] *en la sociedad, también la ecología ambiental se beneficia.* Así como las virtudes humanas están interrelacionadas, de modo que el debilitamiento de una pone en peligro también a las otras, así también el sistema ecológico se apoya en un proyecto que abarca tanto la sana convivencia social como la buena relación con la naturaleza.

Para salvaguardar la naturaleza no basta intervenir con incentivos o desincentivos económicos, y ni siquiera basta con una instrucción adecuada. Éstos son instrumentos importantes, pero *el problema decisivo es la capacidad moral global de la sociedad.* Si no se respeta el derecho a la vida y a la muerte natural, si se hace artificial la concepción, la gestación y el nacimiento del hombre, si se sacrifican embriones humanos a la investigación, la conciencia común acaba perdiendo el concepto de ecología humana y con ello de la ecología ambiental. Es una contradicción pedir a las nuevas generaciones el respeto al ambiente natural, cuando la educación y las leyes no las ayudan a respetarse a sí mismas. El libro de la naturaleza es uno e indivisible, tanto en lo que concierne a la vida, la sexualidad, el matrimonio, la familia, las relaciones sociales, en una palabra, el desarrollo humano integral. Los deberes que tenemos con el ambiente están relacionados con los que tenemos para con la persona considerada en sí misma y en su relación con los otros. No se pueden exigir unos y conculcar otros. Es una grave antinomia de la mentalidad y de la praxis actual, que envilece a la persona, trastorna el ambiente y daña a la sociedad.

52. La verdad, y el amor que ella desvela, no se pueden producir, sólo se pueden acoger. Su última fuente no es, ni puede ser, el hombre, sino Dios, o sea Aquel que es Verdad y Amor. Este principio es muy importante para la sociedad y para el desarrollo, en cuanto que ni la Verdad ni el Amor pueden ser sólo productos humanos; la vocación misma al desarrollo de las personas y de los pueblos no se fundamenta en una simple deliberación humana, sino que está inscrita en un plano que nos precede y que para todos nosotros es un deber que ha de ser acogido libremente. Lo que nos precede y constituye —el Amor y la Verdad subsistentes— nos indica qué es el bien y en qué consiste nuestra felicidad. *Nos señala así el camino hacia el verdadero desarrollo.*

Capítulo quinto

LA COLABORACIÓN
DE LA FAMILIA HUMANA

53. Una de las pobrezas más hondas que el hombre puede experimentar es la soledad. Ciertamente, también las otras pobrezas, incluidas las materiales, nacen del aislamiento, del no ser amados o de la dificultad de amar. Con frecuencia, son provocadas por el rechazo del amor de Dios, por una tragedia original de cerrazón del hombre en sí mismo, pensando ser autosuficiente, o bien un mero hecho insignificante y pasajero, un « extranjero » en un universo que se ha formado por casualidad. El hombre está alienado cuando vive solo o se aleja de la realidad, cuando renuncia a pensar y creer en un Fundamento.[125] Toda la humanidad está alienada cuando se entrega a proyectos exclusivamente humanos, a ideologías y utopías falsas.[126] Hoy la humanidad aparece mucho más interactiva que antes: esa mayor vecindad debe transformarse en verdadera comunión. *El desarrollo de los pueblos depende sobre todo de que se reconozcan como parte de una sola familia,* que colabora con verdadera comunión y está integrada por seres que no viven simplemente uno junto al otro.[127]

Pablo VI señalaba que « el mundo se encuentra en un lamentable vacío de ideas ».[128] La afirmación contiene una constatación, pero sobre todo una aspiración: es preciso un nuevo impulso del pensamiento para comprender mejor lo que implica ser una familia; la interacción entre los pueblos del planeta nos urge a dar ese impulso, para que la integración se desarrolle bajo el signo de la solidaridad[129] en vez del de la marginación. Dicho pensamiento obliga a una *profundización crítica y valorativa de la categoría de la relación*. Es un compromiso que no puede llevarse a cabo sólo con las ciencias sociales, dado que requiere la aportación de saberes como la metafísica y la teología, para captar con claridad la dignidad trascendente del hombre.

La criatura humana, en cuanto de naturaleza espiritual, se realiza en las relaciones interpersonales. Cuanto más las vive de manera auténtica, tanto más madura también en la propia identidad personal. El hombre se valoriza no aislándose, sino poniéndose en relación con los otros y con Dios. Por tanto, la importancia de dichas relaciones es fundamental. Esto vale también para los pueblos. Consiguientemente, resulta muy útil para su desarrollo una visión metafísica de la relación entre las personas. A este respecto, la razón encuentra inspiración y orientación en la revelación cristiana, según la cual la comunidad de los hombres no absorbe en sí a la persona anulando su autonomía, como ocurre en las diversas formas del totalitarismo, sino que la valoriza más aún porque la relación entre persona y comunidad es la de un todo hacia otro todo.[130] De la misma manera que la comunidad familiar no anula en su seno a las personas que la componen, y la Iglesia misma valora plenamente la «criatura nueva» (Ga 6,15; 2 Co 5,17), que por el bautismo se inserta en su Cuerpo vivo, así también la unidad de la familia humana no anula de por sí a las personas, los pueblos o las culturas, sino que los hace más transparentes los unos con los otros, más unidos en su legítima diversidad.

54. El tema del desarrollo coincide con el de la inclusión relacional de todas las personas y de todos los pueblos en la única comunidad de la familia humana, que se construye en la solidaridad sobre la base de los valores fundamentales de la justicia y la paz. Esta perspectiva se ve iluminada de manera decisiva por la relación entre las Personas de la Trinidad en la única Sustancia divina. La Trinidad es absoluta unidad, en cuanto las tres Personas divinas son relacionalidad pura. La transparencia recíproca entre las Personas divinas es plena y el vínculo de una con otra total, porque constituyen una absoluta unidad y unicidad. Dios nos quiere también asociar a esa realidad de comunión: « para que sean uno, como nosotros somos uno » (Jn 17,22). La Iglesia es signo e instrumento de esta unidad.[131] También las relaciones entre los hombres a lo largo de la historia se han beneficiado de la referencia a este Modelo divino. En particular, *a la luz del misterio revelado de la Trinidad,* se comprende que la verdadera apertura no significa dispersión centrífuga, sino compenetración profunda. Esto se manifiesta también en las experiencias humanas comunes del amor y de la verdad. Como el amor sacramental une a los esposos espiritualmente en « una sola carne » (Gn 2,24; Mt 19,5; Ef 5,31), y de dos que eran hace de ellos una unidad relacional y real, de manera análoga la verdad une los espíritus entre sí y los hace pensar al unísono, atrayéndolos y uniéndolos en ella.

55. La revelación cristiana sobre la unidad del género humano presupone *una interpretación metafísica del huma-*

num, en la que la relacionalidad es elemento esencial. También otras culturas y otras religiones enseñan la fraternidad y la paz y, por tanto, son de gran importancia para el desarrollo humano integral. Sin embargo, no faltan actitudes religiosas y culturales en las que no se asume plenamente el principio del amor y de la verdad, terminando así por frenar el verdadero desarrollo humano e incluso por impedirlo. El mundo de hoy está siendo atravesado por algunas culturas de trasfondo religioso, que no llevan al hombre a la comunión, sino que lo aíslan en la búsqueda del bienestar individual, limitándose a gratificar las expectativas psicológicas. También una cierta proliferación de itinerarios religiosos de pequeños grupos, e incluso de personas individuales, así como el sincretismo religioso, pueden ser factores de dispersión y de falta de compromiso. Un posible efecto negativo del proceso de globalización es la tendencia a favorecer dicho sincretismo,[132] alimentando formas de « religión » que alejan a las personas unas de otras, en vez de hacer que se encuentren, y las apartan de la realidad. Al mismo tiempo, persisten a veces parcelas culturales y religiosas que encasillan la sociedad en castas sociales estáticas, en creencias mágicas que no respetan la dignidad de la persona, en actitudes de sumisión a fuerzas ocultas. En esos contextos, el amor y la verdad encuentran dificultad para afianzarse, perjudicando el auténtico desarrollo.

Por este motivo, aunque es verdad que, por un lado, el desarrollo necesita de las religiones y de las culturas de los diversos pueblos, por otro lado, sigue siendo verdad también que es necesario un adecuado discernimiento. La libertad religiosa no significa indiferentismo religioso y no comporta que todas las religiones sean iguales.[133]

El discernimiento sobre la contribución de las culturas y de las religiones es necesario para la construcción de la comunidad social en el respeto del bien común, sobre todo para quien ejerce el poder político. Dicho discernimiento deberá basarse en el criterio de la caridad y de la verdad. Puesto que está en juego el desarrollo de las personas y de los pueblos, tendrá en cuenta la posibilidad de emancipación y de inclusión en la óptica de una comunidad humana verdaderamente universal. El criterio para evaluar las culturas y las religiones es también « todo el hombre y todos los hombres ». El cristianismo, religión del « Dios que tiene un rostro humano »,[134] lleva en sí mismo un criterio similar.

56. La religión cristiana y las otras religiones pueden contribuir al desarrollo *solamente si Dios tiene un lugar en la esfera pública,* con específica referencia a la dimensión cultural, social, económica y, en particular, política. La doctrina social de la Iglesia ha nacido para reivindicar esa « carta de ciudadanía »[135] de la religión cristiana. La negación del derecho a profesar públicamente la propia religión y a trabajar para que las verdades de la fe inspiren también la vida pública, tiene consecuencias negativas sobre el verdadero desarrollo. La exclusión de la religión del ámbito público, así como, el fundamentalismo religioso por otro lado, impiden el encuentro entre las personas y su colaboración para el progreso de la humanidad. La vida pública se empobrece de motivaciones y la política adquiere un aspecto opresor y agresivo. Se corre el riesgo de que no se respeten los derechos humanos, bien porque se les priva de su fundamento trascendente, bien porque no se reconoce la libertad personal. En el laicismo y en el fundamentalismo se pierde la posibilidad de un diálogo fecundo y de una provechosa colaboración entre la razón y la fe religiosa. *La razón necesita siempre ser purificada por la fe,* y esto vale también para la razón política, que no debe creerse omnipotente. A su vez, *la religión tiene siempre necesidad de ser purificada por la razón* para mostrar su auténtico rostro humano. La ruptura de este diálogo comporta un coste muy gravoso para el desarrollo de la humanidad.

57. El diálogo fecundo entre fe y razón hace más eficaz el ejercicio de la caridad en el ámbito social y es el marco más apropiado para promover *la colaboración fraterna entre creyentes y no creyentes,* en la perspectiva compartida de trabajar por la justicia y la paz de la humanidad. Los Padres conciliares afirmaban en la Constitución pastoral *Gaudium et spes*: « Según la opinión casi unánime de creyentes y no creyentes, todo lo que existe en la tierra debe ordenarse al hombre como su centro y su culminación ».[136] Para los creyentes, el mundo no es fruto de la casualidad ni de la necesidad, sino de un proyecto de Dios. De ahí nace el deber de los creyentes de aunar sus esfuerzos con todos los hombres y mujeres de buena voluntad de otras religiones, o no creyentes, para que nuestro mundo responda efectivamente al proyecto divino: vivir como una familia, bajo la mirada del Creador. Sin duda, *el principio de subsidiaridad,*[137] expresión de la inalienable libertad humana. La subsidiaridad es ante todo una ayuda a la persona, a través de la autonomía de los cuerpos intermedios. Dicha ayuda se ofrece cuando la persona y los sujetos sociales no son capaces de valerse por sí mismos, implicando siempre una finalidad emancipadora, porque favorece la libertad y la participación a la hora de asumir responsabilidades. La subsidiaridad respeta la dignidad de la persona, en la que ve un sujeto siempre capaz de dar algo a los otros. La subsidiaridad, al reconocer que la reciprocidad forma parte de la constitución íntima del ser humano, es el antídoto más eficaz contra cualquier forma de asistencialismo paternalista. Ella puede dar razón tanto de la múltiple articulación de los niveles y, por ello, de la pluralidad de los sujetos, como de su coordinación. Por tanto, es un principio particularmente adecuado para gobernar la globalización y orientarla hacia un verdadero desarrollo humano. Para no abrir la puerta a un peligroso poder universal de tipo monocrático, *el gobierno de la globalización debe ser de tipo subsidiario*, articulado en múltiples niveles y planos diversos, que colaboren recíprocamente. La globalización necesita ciertamente una autoridad, en cuanto plantea el problema de la consecución de un bien común global; sin embargo, dicha autoridad deberá estar organizada de modo subsidiario y con división de poderes,[138] tanto para no herir la libertad como para resultar concretamente eficaz.

58. *El principio de subsidiaridad debe mantenerse íntimamente unido al principio de la solidaridad y viceversa*, porque así como la subsidiaridad sin la solidaridad desemboca en el particularismo social, también es cierto que la solidaridad sin la subsidiaridad acabaría en el asistencialismo que humilla al necesitado. Esta regla de carácter general se ha de tener muy en cuenta incluso cuando se afrontan los temas sobre las *ayudas internacionales al desarrollo*. Éstas, por encima de las intenciones de los donantes, pueden mantener a veces a un pueblo en un estado de dependencia, e incluso favorecer situaciones de dominio local y de explotación en el país que las recibe. Las ayudas económicas, para que lo sean de verdad, no deben perseguir otros fines. Han de ser concedidas implicando no sólo a los gobiernos de los países interesados, sino también a los agentes económicos locales y a los agentes culturales de la sociedad civil, incluidas las Iglesias locales. Los programas de ayuda han de adaptarse cada vez más a la forma de los programas integrados y compartidos desde la base. En efecto, sigue siendo verdad que el recurso humano es más valioso de los países en vías de desarrollo: éste es el auténtico capital que se ha de potenciar para asegurar a los países más pobres un futuro verdaderamente autónomo. Conviene recordar también que, en el campo económico, la ayuda principal que necesitan los países en vías de desarrollo es permitir y favorecer cada vez más el ingreso de sus productos en los mercados internacionales, posibilitando así su plena participación en la vida económica internacional. En el pasado, las ayudas han servido con demasiada frecuencia sólo para crear mercados marginales de los productos de esos países. Esto se debe muchas veces a una falta de verdadera demanda de estos productos: por tanto, es necesario ayudar a esos países a mejorar sus productos y a adaptarlos mejor a la demanda. Además, algunos han temido con frecuencia la competencia de las importaciones de productos, normalmente agrícolas, provenientes de los países económicamente pobres. Sin embargo, se ha de recordar que la posibilidad de comercializar dichos productos significa a menudo garantizar su supervivencia a corto o largo plazo. Un comercio internacional justo y equilibrado en el campo agrícola puede reportar beneficios a todos, tanto en la oferta como en la demanda. Por este motivo, no sólo es necesario orientar comercialmente esos productos, sino establecer reglas comerciales internacionales que los sostengan, y reforzar la financiación del desarrollo para hacer más productivas esas economías.

59. *La cooperación para el desarrollo* no debe contemplar solamente la dimensión económica; ha de ser una gran *ocasión para el encuentro cultural y humano*. Si los sujetos de la cooperación de los países económicamente desarrollados, como a veces sucede, no tienen en cuenta la identidad cultural propia y ajena, con sus valores humanos, no podrán entablar diálogo alguno con los ciudadanos de los países pobres. Si éstos, a su vez, se abren con indiferencia y sin discernimiento a cualquier propuesta cultural, no estarán en condiciones de asumir la responsabilidad de su auténtico desarrollo.[139] Las sociedades tecnológicamente avanzadas no deben confundir el propio desarrollo tecnológico con una presunta superioridad cultural, sino que deben redescubrir en sí mismas virtudes a veces olvidadas, que las han hecho florecer a lo largo de su historia. Las sociedades en crecimiento deben permanecer fieles a lo que hay de verdaderamente humano en sus tradiciones, evitando que superpongan automáticamente a ellas las formas de la civilización tecnológica globalizada. En todas las culturas se dan singulares y múltiples convergencias éticas, expresiones de una misma naturaleza humana, querida por el Creador, y que la sabiduría ética de la humanidad llama ley natural.[140] Dicha ley moral universal es fundamento sólido de todo diálogo cultural, religioso y político, ayudando al pluralismo multiforme de las diversas culturas a que no se alejen de la búsqueda común de la verdad, del bien y de Dios. Por tanto, la adhesión a esa ley escrita en los corazones es la base de toda colaboración social constructiva. En todas las culturas hay costras que limpiar y sombras que despejar. La fe cristiana, que se encarna en las culturas trascendiéndolas, puede ayudarlas a crecer en la convivencia y en la solidaridad universal, en beneficio del desarrollo comunitario y planetario.

60. En la búsqueda de soluciones para la crisis económica actual, *la ayuda al desarrollo de los países pobres debe considerarse un verdadero instrumento de creación de riqueza para todos.* ¿Qué proyecto de ayuda puede prometer un crecimiento de tan significativo valor —incluso para la economía mundial— como la ayuda a poblaciones que se encuentran todavía en una fase inicial o poco avanzada de su proceso de desarrollo económico? En esta perspectiva, los estados económicamente más desarrollados harán lo posible por destinar mayores porcentajes de su producto interior bruto para ayudas al desarrollo, respetando los compromisos que se han tomado sobre este punto en el ámbito de la comunidad internacional. Lo podrán hacer también revisando sus políticas internas de asistencia y de solidaridad social, aplicando a ellas el principio de subsidiaridad y creando sistemas de seguridad social más integrados, con la participación activa de las personas y de la sociedad civil. De esta manera, es posible también mejorar los servicios sociales y asistenciales y, al mismo tiempo, ahorrar recursos, eliminando derroches y rentas abusivas, para destinarlos a la solidaridad internacional. Un sistema de solidaridad social más participativo y orgánico, menos burocratizado pero no por ello menos coordinado, podría revitalizar muchas energías hoy adormecidas en favor también de la solidaridad entre los pueblos.

Una posibilidad de ayuda para el desarrollo podría venir de la aplicación eficaz de la llamada subsidiaridad fiscal, que permitiría a los ciudadanos decidir sobre el destino de los porcentajes de los impuestos que pagan al Estado. Esto puede ayudar, evitando degeneraciones particularistas, a fomentar formas de solidaridad social desde la base, con obvios beneficios también desde el punto de vista de la solidaridad para el desarrollo.

61. Una solidaridad más amplia a nivel internacional se manifiesta ante todo en seguir promoviendo, también en condiciones de crisis económica, *un mayor acceso a la educación* que, por otro lado, es una condición esencial para la eficacia de la cooperación internacional misma. Con el término « educación » no nos referimos sólo a la instrucción o a la formación para el trabajo, que son dos causas importantes para el desarrollo, sino a la formación completa de la persona. A este respecto, se ha de subrayar un aspecto problemático: para educar es preciso saber quién es la persona humana, conocer su naturaleza. Al afianzarse una visión relativista de dicha naturaleza plantea serios problemas a la educación, sobre todo a la educación moral, comprometiendo su difusión universal. Cediendo a este relativismo, todos se empobrecen más, con consecuencias negativas también para la eficacia de la ayuda a las poblaciones más necesitadas, a las que no faltan sólo recursos económicos o técnicos, sino también modos y medios pedagógicos que ayuden a las personas a lograr su plena realización humana.

Un ejemplo de la importancia de este problema lo tenemos en el *fenómeno del turismo internacional,*[141] que puede ser un notable factor de desarrollo económico y crecimiento cultural, pero que en ocasiones puede transformarse en una forma de explotación y degradación moral. La situación actual ofrece oportunidades singulares para que los aspectos económicos del desarrollo, es decir, los flujos de dinero y la aparición de experiencias empresariales locales significativas, se combinen con los culturales, y en primer lugar el educativo. En muchos casos es así, pero en muchos otros el turismo internacional es una experiencia deseducativa, tanto para el turista como para las poblaciones locales. Con frecuencia, éstas se encuentran con conductas inmorales, y hasta perversas, como en el caso del llamado turismo sexual, al que se sacrifican tantos seres humanos, incluso de tierna edad. Es doloroso constatar que esto ocurre muchas veces con el respaldo de gobiernos locales, con el silencio de aquellos otros de donde proceden los turistas y con la complicidad de tantos operadores del sector. Aún sin llegar a ese extremo, el turismo internacional se plantea con frecuencia de manera consumista y hedonista, como una evasión y con modos de organización típicos de los países de origen, de forma que no se favorece un verdadero encuentro entre personas y culturas. Hay que pensar, pues, en un turismo distinto, capaz de promover un verdadero conocimiento recíproco, que nada quite al descanso y a la sana diversión: hay que fomentar un turismo así, también a través de una relación más estrecha con las experiencias de cooperación internacional y de iniciativas empresariales para el desarrollo.

62. Otro aspecto digno de atención, hablando del desarrollo humano integral, es el fenómeno de *las migraciones*. Es un fenómeno que impresiona por sus grandes dimensiones, por los problemas sociales, económicos, políticos, culturales y religiosos que suscita, y por los dramáticos desafíos que plantea a las comunidades nacionales y a la comunidad internacional. Podemos decir que estamos ante un fenómeno social que marca época, que requiere una fuerte y clarividente política de cooperación internacional para afrontarlo debidamente. Esta política hay que desarrollarla partiendo de una estrecha colaboración entre los países de procedencia y de destino de los emigrantes; ha de ir acompañada de adecuadas normativas internacionales capaces de armonizar los diversos ordenamientos legislativos, con vistas a salvaguardar las exigencias y los derechos de las personas y de las familias emigrantes, así como las de las sociedades de destino. Ningún país por sí solo puede ser capaz de hacer frente a los problemas migratorios actuales. Todos podemos ver el sufrimiento, el disgusto y las aspiraciones que conllevan los flujos migratorios. Como es sabido, es un fenómeno complejo de gestionar; sin embargo, está comprobado que los trabajadores extranjeros, no obstante las dificultades inherentes a su integración, contribuyen de manera significativa con su trabajo al desarrollo económico del país que los acoge, así como a su país de origen a través de las remesas de dinero. Obviamente, estos trabajadores no pueden ser considerados como una mercancía o una mera fuerza laboral. Por tanto no deben ser tratados como cualquier otro factor de producción. Todo emigrante es una persona humana que, en cuanto tal, posee derechos fundamentales inalienables que han de ser respetados por todos y en cualquier situación.[142]

63. Al considerar los problemas del desarrollo, se ha de resaltar relación entre pobreza y desocupación. Los pobres son en muchos casos el resultado de la *violación de la dignidad del trabajo humano*, bien porque se limitan sus posibilidades (desocupación, subocupación), bien porque se devalúan « los derechos que fluyen del mismo, especialmente el derecho al justo salario, a la seguridad de la persona del trabajador y de su familia ».[143] Por esto, ya el 1 de mayo de 2000, mi predecesor Juan Pablo II, de venerada memoria, con ocasión del Jubileo de los Trabajadores, lanzó un llamamiento para « una coalición mundial a favor del trabajo decente »,[144] alentando la estrategia de la Organización Internacional del Trabajo. De esta manera, daba un fuerte apoyo moral a este objetivo, como aspiración de las familias en todos los países del mundo. Pero ¿qué significa la palabra « decencia » aplicada al trabajo? Significa un trabajo que, en cualquier sociedad, sea expresión de la dignidad esencial de todo hombre o mujer: un trabajo libremente elegido, que asocie efectivamente a los trabajadores, hombres y mujeres, al desarrollo de su comunidad; un trabajo que, de este modo, haga que los trabajadores sean respetados, evitando toda discriminación; un trabajo que permita satisfacer las necesidades de las familias y escolarizar a los hijos sin que se vean obligados a trabajar; un trabajo que consienta a los trabajadores organizarse libremente y hacer oír su voz; un trabajo que deje espacio para reencontrarse adecuadamente con las propias raíces en el ámbito personal, familiar y espiritual; un trabajo que asegure una condición digna a los trabajadores que llegan a la jubilación.

64. En la reflexión sobre el tema del trabajo, es oportuno hacer un llamamiento a las *organizaciones sindicales de los trabajadores*, desde siempre alentadas y sostenidas por la Iglesia, ante la urgente exigencia de abrirse a las nuevas perspectivas que surgen en el ámbito laboral. Las organizaciones sindicales están llamadas a hacerse cargo de los nuevos problemas de nuestra sociedad, superando las limitaciones propias de los sindicatos de clase. Me refiero, por ejemplo, a ese conjunto de cuestiones que los estudiosos de las ciencias sociales señalan en el conflicto entre persona-trabajadora y persona-consumidora. Sin que sea necesario adoptar la tesis de que se ha efectuado un desplazamiento de la centralidad del trabajador a la centralidad del consumidor, parece en cualquier caso que éste es también un terreno para experiencias sindicales innovadoras. El contexto global en el que se desarrolla el trabajo requiere igualmente que las organizaciones sindicales nacionales, ceñidas sobre todo a la defensa de los intereses de sus afiliados, vuelvan su mirada también hacia los no afiliados y, en particular, hacia los trabajadores de los países en vía de desarrollo, donde tantas veces se violan los derechos sociales. La defensa de estos trabajadores, promovida también mediante iniciativas apropiadas en favor de los países de origen, permitirá a las organizaciones sindicales poner de relieve las auténticas razones éticas y culturales que las han consentido ser, en contextos sociales y laborales diversos, un factor decisivo para el desarrollo. Sigue siendo válida la tradicional enseñanza de la Iglesia, que propone la distinción de papeles y funciones entre sindicato y política. Esta distinción permitirá a las organizaciones sindicales encontrar en la sociedad civil el ámbito más adecuado para su necesaria actuación en defensa y promoción del mundo del trabajo, sobre todo en favor de los trabajadores explotados y no representados, cuya amarga condición pasa desapercibida tantas veces ante los ojos distraídos de la sociedad.

65. Además, se requiere que *las finanzas* mismas, que han de renovar necesariamente sus estructuras y modos de funcionamiento tras su mala utilización, que ha dañado la economía real, vuelvan a ser *un instrumento encaminado a producir mejor riqueza y desarrollo*. Toda la economía y todas las finanzas, y no sólo algunos de sus sectores, en cuanto instrumentos, deben ser utilizados de manera ética para crear las condiciones adecuadas para el desarrollo del hombre y de los pueblos. Es ciertamente útil, y en algunas circunstancias indispensable, promover iniciativas financieras en las que predomine la dimensión humanitaria. Sin embargo, esto no debe hacernos olvidar que todo el sistema financiero ha de tener como meta el sostenimiento de un verdadero desarrollo. Sobre todo, es preciso que el intento de hacer el bien no se contraponga al de la capacidad efectiva de producir bienes. Los agentes financieros han de redescubrir el fundamento ético de su actividad para no abusar de aquellos instrumentos sofisticados con los que se podría traicionar a los ahorradores. Recta intención, transparencia y búsqueda de los buenos resultados son compatibles y nunca se deben separar. Si el amor es inteligente, sabe encontrar también los modos de actuar según una conveniencia previsible y justa, como muestran de manera significativa muchas experiencias en el campo del crédito cooperativo.

Tanto una regulación del sector capaz de salvaguardar a los sujetos más débiles e impedir escandalosas especulaciones, cuanto la experimentación de nuevas formas de finanzas destinadas a favorecer proyectos de desarrollo, son experiencias positivas que se han de profundizar y alentar, reclamando *la propia responsabilidad del ahorrador*. También la *experiencia de la microfinanciación*, que hunde sus raíces en la reflexión y en la actuación de los humanistas civiles —pienso sobre todo en el origen de los Montes de Piedad—, ha de ser reforzada y actualizada, sobre todo en los momentos en que los problemas financieros pueden resultar dramáticos para los sectores más vulnerables de la población, que deben ser protegidos de la amenaza de la usura y la desesperación. Los más débiles deben ser educados para defenderse de la usura, así como los pueblos pobres han de ser educados para beneficiarse realmente del microcrédito, frenando de este modo posibles formas de explotación en estos dos campos. Puesto que también en los países ricos se dan nuevas formas de pobreza, la microfinanciación puede ofrecer ayudas concretas para crear iniciativas y sectores nuevos que favorezcan a las capas más débiles de la sociedad, también ante una posible fase de empobrecimiento de la sociedad.

66. La interrelación mundial ha hecho surgir un nuevo poder político, el de los *consumidores y sus asociaciones*. Es un fenómeno en el que se debe profundizar, pues contiene elementos positivos que hay que fomentar, como también excesos que se han de evitar. Es bueno que las personas se den cuenta de que comprar es siempre un acto moral, y no sólo económico. El *consumidor tiene una responsabilidad social* específica, que se añade a la responsabilidad social de la empresa. Los consumidores deben ser constantemente educados[145] para el papel que ejercen diariamente y que pueden desempeñar respetando los principios morales, sin que disminuya la racionalidad económica intrínseca en el acto de comprar. También en el campo de las compras, precisamente en momentos como los que se están viviendo, en los que el poder adquisitivo puede verse reducido y se deberá consumir con mayor sobriedad, es necesario abrir otras vías como, por ejemplo, formas de cooperación para las adquisiciones, como ocurre con las cooperativas de consumo, que existen desde el s. XIX, gracias también a la iniciativa de los católicos. Además, es conveniente favorecer formas nuevas de comercialización de productos provenientes de áreas deprimidas del planeta para garantizar una retribución decente a los productores, a condición de que se trate de un mercado transparente, que los productores reciban no sólo mayores márgenes de ganancia sino también mayor formación, profesionalidad y tecnología y, finalmente, que dichas experiencias de economía para el desarrollo no estén condicionadas por visiones ideológicas partidistas. Es de desear un papel más incisivo de los consumidores como factor de democracia económica, siempre que ellos mismos no estén manipulados por asociaciones escasamente representativas.

67. Entre el imparable aumento de la interdependencia mundial, y también en presencia de una recesión de alcance global, se siente mucho la urgencia de la reforma tanto de la *Organización de las Naciones Unidas como de la arquitectura económica y financiera internacional*, para que se dé una concreción real al concepto de familia de naciones. Y se siente la urgencia de encontrar formas innovadoras para poner en práctica el principio de la *respon-sabilidad de proteger*[146] y dar también una voz eficaz en las decisiones comunes a las naciones más pobres. Esto aparece necesario precisamente con vistas a un ordenamiento político, jurídico y económico que incremente y oriente la colaboración internacional hacia el desarrollo solidario de todos los pueblos. Para gobernar la economía mundial, para sanear las economías afectadas por la crisis, para prevenir su empeoramiento y mayores desequilibrios consiguientes, para lograr un oportuno desarme integral, la seguridad alimenticia y la paz, para garantizar la salvaguardia del ambiente y regular los flujos migratorios, urge la presencia de una verdadera *Autoridad política mundial*, como fue ya esbozada por mi Predecesor, el Beato Juan XXIII. Esta Autoridad deberá estar regulada por el derecho, atenerse de manera concreta a los principios de subsidiaridad y de solidaridad, estar ordenada a la realización del bien común,[147] *comprometerse en la realización de un auténtico desarrollo humano integral inspirado en los valores de la caridad en la verdad.* Dicha Autoridad, además, deberá estar reconocida por todos, gozar de poder efectivo para garantizar a cada uno la seguridad, el cumplimiento de la justicia y el respeto de los derechos.[148] Obviamente, debe tener la facultad de hacer respetar sus propias decisiones a las diversas partes, así como las medidas de coordinación adoptadas en los diferentes foros internacionales. En efecto, cuando esto falta, el derecho internacional, no obstante los grandes progresos alcanzados en los diversos campos, correría el riesgo de estar condicionado por los equilibrios de poder entre los más fuertes. El desarrollo integral de los pueblos y la colaboración internacional exigen el establecimiento de un grado superior de ordenamiento internacional de tipo subsidiario para el gobierno de la globalización,[149] que se lleve a cabo finalmente un orden social conforme al orden moral, así como esa relación entre esfera moral y social, entre política y mundo económico y civil, ya previsto en el Estatuto de las Naciones Unidas.

CAPÍTULO SEXTO

EL DESARROLLO
DE LOS PUEBLOS Y LA TÉCNICA

68. El tema del desarrollo de los pueblos está íntimamente unido al del desarrollo de cada hombre. La persona humana tiende por naturaleza a su propio desarrollo. Éste no está garantizado por una serie de mecanismos naturales, sino que cada uno de nosotros es consciente de su capacidad de decidir libre y responsablemente. Tampoco se trata de un desarrollo a merced de nuestro capricho, ya que todos sabemos que somos un don y no el resultado de una autogeneración. Nuestra libertad está originariamente caracterizada por nuestro ser, con sus propias limitaciones. Ninguno da forma a la propia conciencia de manera arbitraria, sino que todos construyen su propio « yo » sobre la base de un « sí mismo » que nos ha sido dado. No sólo las demás personas se nos presentan como no disponibles, sino también nosotros para nosotros mismos. *El desarrollo de la persona se degrada cuando ésta pretende ser la única creadora de sí misma.* De modo análogo, también el desarrollo de los pueblos se degrada cuando la humanidad piensa que puede recrearse utilizando los « prodigios » de la tecnología. Lo mismo ocurre con el desarrollo económico, que se manifiesta ficticio y dañino cuando se apoya en los « prodigios » de las finanzas para sostener un crecimiento antinatural y consumista. Ante esta pretensión prometeica, hemos de fortalecer el aprecio por una libertad no arbitraria, sino verdaderamente humanizada por el reconocimiento del bien que la precede. Para alcanzar este objetivo, es necesario que el hombre entre en sí mismo para descubrir las normas fundamentales de la ley moral natural que Dios ha inscrito en su corazón.

69. El problema del desarrollo en la actualidad está estrechamente unido al *progreso tecnológico* y a sus aplicaciones deslumbrantes en campo biológico. La técnica —conviene subrayarlo— es un hecho profundamente humano, vinculado a la autonomía y libertad del hombre. En la técnica se manifiesta y confirma el dominio del espíritu sobre la materia. « Siendo éste [el espíritu] "menos esclavo de las cosas, puede más fácilmente elevarse a la adoración y a la contemplación del Creador"».[150] La técnica permite dominar la materia, reducir los riesgos, ahorrar esfuerzos, mejorar las condiciones de vida. Responde a la misma vocación del trabajo humano: en la técnica, vista como una obra del propio talento, el hombre se reconoce a sí mismo y realiza su propia humanidad. La técnica es el aspecto objetivo del actuar humano,[151] cuyo origen y razón de ser está en el elemento subjetivo: el hombre que trabaja. Por eso, la técnica nunca es sólo técnica. Manifiesta quién es el hombre y cuáles son sus aspiraciones de desarrollo, expresa la tensión del ánimo humano hacia la superación gradual de ciertos condicionamientos materiales. *La técnica, por lo tanto, se inserta en el mandato de cultivar y custodiar la tierra* (cf. Gn 2,15), que Dios ha confiado al hombre, y se orienta a reforzar esa alianza entre ser humano y medio ambiente que debe reflejar el amor creador de Dios.

70. El desarrollo tecnológico puede alentar la idea de la autosuficiencia de la técnica, cuando el hombre se pregunta sólo por el *cómo*, en vez de considerar los *porqués* que lo impulsan a actuar. Por eso, la técnica tiene un rostro ambiguo. Nacida de la creatividad humana como instrumento de la libertad de la persona, puede entenderse como elemento de una libertad absoluta, que desea prescindir de los límites inherentes a las cosas. El proceso de globalización podría sustituir las ideologías por la técnica,[152] transformándose ella misma en un poder ideológico, que expondría a la humanidad al riesgo de encontrarse encerrada dentro de un *a priori* del cual no podría salir para encontrar el ser y la verdad. En ese caso, cada uno de nosotros conocería, evaluaría y decidiría los aspectos de su vida desde un horizonte cultural tecnocrático, al que perteneceríamos estructuralmente, sin poder encontrar jamás un sentido que no sea producido por nosotros mismos. Esta visión refuerza mucho hoy la mentalidad tecnicista, que hace coincidir la verdad con lo factible. Pero cuando el único criterio de verdad es la eficiencia y la utilidad, se niega automáticamente el desarrollo. En efecto, el verdadero desarrollo no consiste principalmente en hacer. La clave del desarrollo está en una inteligencia capaz de entender la técnica y de captar el significado plenamente humano del quehacer del hombre, según el horizonte de sentido de la persona considerada en la globalidad de su ser. Incluso cuando el hombre opera a través de un satélite o de un impulso electrónico a distancia, su actuar permanece siempre humano, expresión de una libertad responsable. La técnica atrae fuertemente al hombre, porque lo rescata de las limitaciones físicas y le amplía el horizonte.

Pero *la libertad humana es ella misma sólo cuando responde a esta atracción de la técnica con decisiones que son fruto de la responsabilidad moral*. De ahí la necesidad apremiante de una formación para un uso ético y responsable de la técnica. Conscientes de esta atracción de la técnica sobre el ser humano, se debe recuperar el verdadero sentido de la libertad, que no consiste en la seducción de una autonomía total, sino en la respuesta a la llamada del ser, comenzando por nuestro propio ser.

71. Esta posible desviación de la mentalidad técnica de su originario cauce humanista se muestra hoy de manera evidente en la tecnificación del desarrollo y de la paz. El desarrollo de los pueblos es considerado con frecuencia como un problema de ingeniería financiera, de apertura de mercados, de bajadas de impuestos, de inversiones productivas, de reformas institucionales, en definitiva como una cuestión exclusivamente técnica. Sin duda, todos estos ámbitos tienen un papel muy importante, pero deberíamos preguntarnos por qué las decisiones de tipo técnico han funcionado hasta ahora sólo en parte. La causa es mucho más profunda. El desarrollo nunca estará plenamente garantizado plenamente por fuerzas que en gran medida son automáticas e impersonales, ya provengan de las leyes de mercado o de políticas de carácter internacional. *El desarrollo es imposible sin hombres rectos, sin operadores económicos y agentes políticos que sientan fuertemente en su conciencia la llamada al bien común.* Se necesita tanto la preparación profesional como la coherencia moral. Cuando predomina la absolutización de la técnica se produce una confusión entre los fines y los medios, el empresario considera como único criterio de acción el máximo beneficio en la producción;

el político, la consolidación del poder; el científico, el resultado de sus descubrimientos. Así, bajo esa red de relaciones económicas, financieras y políticas persisten frecuentemente incomprensiones, malestar e injusticia; los flujos de conocimientos técnicos aumentan, pero en beneficio de sus propietarios, mientras que la situación real de las poblaciones que viven bajo y casi siempre al margen de estos flujos, permanece inalterada, sin posibilidades reales de emancipación.

72. También la paz corre a veces el riesgo de ser considerada como un producto de la técnica, fruto exclusivamente de los acuerdos entre los gobiernos o de iniciativas tendentes a asegurar ayudas económicas eficaces. Es cierto que la *construcción de la paz* necesita una red constante de contactos diplomáticos, intercambios económicos y tecnológicos, encuentros culturales, acuerdos en proyectos comunes, como también que se adopten compromisos compartidos para alejar las amenazas de tipo bélico o cortar de raíz las continuas tentaciones terroristas. No obstante, para que esos esfuerzos produzcan efectos duraderos, es necesario que se sustenten en valores fundamentados en la verdad de la vida. Es decir, es preciso escuchar la voz de las poblaciones interesadas y tener en cuenta su situación para poder interpretar de manera adecuada sus expectativas. Todo esto debe estar unido al esfuerzo anónimo de tantas personas que trabajan decididamente para fomentar el encuentro entre los pueblos y favorecer la promoción del desarrollo partiendo del amor y de la comprensión recíproca. Entre estas personas encontramos también fieles cristianos, implicados en la gran tarea de dar un sentido plenamente humano al desarrollo y la paz.

73. El desarrollo tecnológico está relacionado con la influencia cada vez mayor de los *medios de comunicación social*. Es casi imposible imaginar ya la existencia de la familia humana sin su presencia. Para bien o para mal, se han introducido de tal manera en la vida del mundo, que parece realmente absurda la postura de quienes defienden su neutralidad y, consiguientemente, reivindican su autonomía con respecto a la moral de las personas. Muchas veces, tendencias de este tipo, que enfatizan la naturaleza estrictamente técnica de estos medios, favorecen de hecho su subordinación a los intereses económicos, al dominio de los mercados, sin olvidar el deseo de imponer parámetros culturales en función de proyectos de carácter ideológico y político. Dada la importancia fundamental de los medios de comunicación en determinar los cambios en el modo de percibir y de conocer la realidad y la persona humana misma, se hace necesaria una seria reflexión sobre su influjo, especialmente sobre la dimensión ético-cultural de la globalización y el desarrollo solidario de los pueblos. Al igual que ocurre con la correcta gestión de la globalización y el desarrollo, *el sentido y la finalidad de los medios de comunicación debe buscarse en su fundamento antropológico. Esto quiere decir que pueden ser ocasión de humanización* no sólo cuando, gracias al desarrollo tecnológico, ofrecen mayores posibilidades para la comunicación y la información, sino sobre todo cuando se organizan y se orientan bajo la luz de una imagen de la persona y el bien común que refleje sus valores universales. El mero hecho de que los medios de comunicación social multipliquen las posibilidades de interconexión y de circulación de ideas, no favorece la libertad ni globaliza el desarrollo y la democracia para todos. Para alcanzar estos objetivos se necesita que los medios de comunicación estén centrados en la promoción de la dignidad de las personas y de los pueblos, que estén expresamente animados por la caridad y se pongan al servicio de la verdad, del bien y de la fraternidad natural y sobrenatural. En efecto, la libertad humana está intrínsecamente ligada a estos valores superiores. Los medios pueden ofrecer una valiosa ayuda al aumento de la comunión en la familia humana y al *ethos* de la sociedad, cuando se convierten en instrumentos que promueven la participación universal en la búsqueda común de lo que es justo.

74. En la actualidad, la *bioética* es un campo prioritario y crucial en la lucha cultural entre el absolutismo de la técnica y la responsabilidad moral, y en el que está en juego la posibilidad de un desarrollo humano e integral. Éste es un ámbito muy delicado y decisivo, donde se plantea con toda su fuerza dramática la cuestión fundamental: si el hombre es un producto de sí mismo o si depende de Dios. Los descubrimientos científicos en este campo y las posibilidades de una intervención técnica han crecido tanto que parecen imponer la elección entre estos dos tipos de razón: una razón abierta a la trascendencia o una razón encerrada en la inmanencia. Estamos ante un *aut aut* decisivo. Pero la racionalidad del quehacer técnico centrada sólo en sí misma se revela como irracional, porque comporta un rechazo firme del sentido y del valor. Por ello, la cerrazón a la trascendencia tropieza con la dificultad de pensar cómo es posible que de la nada haya surgido el ser y de la casualidad la inteligencia.[153] Ante estos problemas tan dramáticos, razón y fe se ayudan mutuamente. Sólo juntas salvarán al hombre. *Atraída por el puro quehacer técnico, la razón sin la fe se ve avocada a perderse en la ilusión de su propia omnipotencia. La fe sin la razón corre el riesgo de alejarse de la vida concreta de las personas.*[154]

75. Pablo VI había percibido y señalado ya el alcance mundial de la cuestión social.[155] Siguiendo esta línea, hoy es preciso afirmar que *la cuestión social se ha convertido radicalmente en una cuestión antropológica,* en el sentido de que implica no sólo el modo mismo de concebir, sino también de manipular la vida, cada día más expuesta por la biotecnología a la intervención del hombre. La fecundación *in vitro*, la investigación con embriones, la posibilidad de la clonación y de la hibridación humana nacen y se promueven en la cultura actual del desencanto total, que cree haber desvelado cualquier misterio, puesto que se ha llegado ya a la raíz de la vida. Es aquí donde el absolutismo de la técnica encuentra su máxima expresión. En este tipo de cultura, la conciencia está llamada únicamente a tomar nota de una mera posibilidad técnica. Pero no han de minimizarse los escenarios inquietantes para el futuro del hombre, ni los nuevos y potentes instrumentos que la «cultura de la muerte» tiene a su disposición. A la plaga difusa, trágica, del aborto, podría añadirse en el futuro, aunque ya subrepticiamente *in nuce*, una sistemática planificación eugenésica de los nacimientos. Por otro lado, se va abriendo paso una *mens eutanasica*, manifestación no menos abusiva del dominio sobre la vida, que en ciertas condiciones ya no se considera digna de ser vivida. Detrás de estos escenarios hay planteamientos culturales que niegan la dignidad humana. A su vez, estas prácticas fomentan una concepción materialista y mecanicista de la vida humana. ¿Quién puede calcular los efectos negativos sobre el desarrollo de esta mentalidad? ¿Cómo podemos extrañarnos de la indiferencia ante tantas situaciones humanas degradantes, si la indiferencia caracteriza nuestra actitud ante lo que es humano y lo que no lo es? Sorprende la selección arbitraria de aquello que hoy se propone como digno de respeto. Muchos, dispuestos a escandalizarse por cosas secundarias, parecen tolerar injusticias inauditas. Mientras los pobres del mundo siguen llamando a la puerta de la opulencia, el mundo rico corre el riesgo de no escuchar ya estos golpes a su puerta, debido a una conciencia incapaz de reconocer lo humano. Dios revela el hombre al hombre; la razón y la fe colaboran a la hora de mostrarle el bien, con tal que lo quiera ver; la ley natural, en la que brilla la Razón creadora, indica la grandeza del hombre, pero también su miseria, cuando desconoce el reclamo de la verdad moral.

76. Uno de los aspectos del actual espíritu tecnicista se puede apreciar en la propensión a considerar los problemas y los fenómenos que tienen que ver con la vida interior sólo desde un punto de vista psicológico, e incluso meramente neurológico. De esta manera, la interioridad del hombre se vacía y el ser conscientes de la consistencia ontológica del alma humana, con las profundidades que los Santos han sabido sondear, se pierde progresivamente. *El problema del desarrollo está estrechamente relacionado con el concepto que tengamos del alma del hombre,* ya que nuestro yo se ve reducido muchas veces a la psique, y la salud del alma se confunde con el bienestar emotivo. Estas reducciones tienen su origen en una profunda incomprensión de lo que es la vida espiritual y llevan a ignorar que el desarrollo del hombre y de los pueblos depende también de las soluciones que se dan a los problemas de carácter espiritual. *El desarrollo debe abarcar, además de un progreso material, uno espiritual*, porque el hombre es « uno en cuerpo y alma »,[156] nacido del amor creador de Dios y destinado a vivir eternamente. El ser humano se desarrolla cuando crece espiritualmente, cuando su alma se conoce a sí misma y la verdad que Dios ha impreso germinalmente en ella, cuando dialoga consigo mismo y con su Creador. Lejos de Dios, el hombre está inquieto y se hace frágil. La alienación social y psicológica, y las numerosas neurosis que caracterizan las sociedades opulentas, remiten también a este tipo de causas espirituales. Una sociedad del bienestar, materialmente desarrollada, pero que oprime el alma, no está en sí misma bien orientada hacia un auténtico desarrollo. Las nuevas formas de esclavitud, como la droga, y la desesperación en la que caen tantas personas, tienen una explicación no sólo sociológica o psicológica, sino esencialmente espiritual. El vacío en que el alma se siente abandonada, contando incluso con numerosas terapias para el cuerpo y para la psique, hace sufrir. *No hay desarrollo pleno ni un bien común universal sin el bien espiritual y moral de las personas*, consideradas en su totalidad de alma y cuerpo.

77. El absolutismo de la técnica tiende a producir una incapacidad de percibir todo aquello que no se explica con la pura materia. Sin embargo, todos los hombres tienen experiencia de tantos aspectos inmateriales y espirituales de su vida. Conocer no es sólo un acto material, porque lo conocido esconde siempre algo que va más allá del dato empírico. Todo conocimiento, hasta el más simple, es siempre un pequeño prodigio, porque nunca se explica completamente con los elementos materiales que empleamos. En toda verdad hay siempre algo más de lo que cabía esperar, en el amor que recibimos hay siempre algo que nos sorprende. Jamás deberíamos dejar de sorprendernos ante estos prodigios. En todo conocimiento y acto de amor, el alma del hombre experimenta un « más » que se asemeja mucho a un don recibido, a una altura a la que se nos lleva. También el desarrollo del hombre y de los pueblos alcanza un nivel parecido, si consideramos la *dimensión espiritual* que debe incluir necesariamente el desarrollo para ser auténtico. Para ello se necesitan unos ojos nuevos y un corazón nuevo, que *superen la visión materialista de los acontecimientos humanos* y que vislumbren en el desarrollo ese « algo más » que la técnica no puede ofrecer. Por este camino se podrá conseguir aquel desarrollo humano e integral, cuyo criterio orientador se halla en la fuerza impulsora de la caridad en la verdad.

CONCLUSIÓN

78. Sin Dios el hombre no sabe donde ir ni tampoco logra entender quién es. Ante los grandes problemas del desarrollo de los pueblos, que nos impulsan casi al desasosiego y al abatimiento, viene en nuestro auxilio la palabra de Jesucristo, que nos hace saber: « Sin mí no podéis hacer nada » (Jn 15,5). Y nos anima: « Yo estoy con vosotros todos los días, hasta el final del mundo » (Mt 28,20). Ante el ingente trabajo que queda por hacer, la fe en la presencia de Dios nos sostiene, junto con los que se unen en su nombre y trabajan por la justicia. Pablo VI nos ha recordado en la *Populorum progressio* que el hombre no es capaz de gobernar por sí mismo su propio progreso, porque él solo no puede fundar un verdadero humanismo. Sólo si pensamos que se nos ha llamado individualmente y como comunidad a formar parte de la familia de Dios como hijos suyos, seremos capaces de forjar un pensamiento nuevo y sacar nuevas energías al servicio de un humanismo íntegro y verdadero. Por tanto, la fuerza más poderosa al servicio del desarrollo es un humanismo cristiano,[157] que vivifique la caridad y que se deje guiar por la verdad, acogiendo una y otra como un don permanente de Dios. La disponibilidad para con Dios provoca la disponibilidad para con los hermanos y una vida entendida como una tarea solidaria y gozosa. Al contrario, la cerrazón ideológica a Dios y el indiferentismo ateo, que olvida al Creador y corre el peligro de olvidar también los valores humanos, se presentan hoy como uno de los mayores obstáculos para el desarrollo. *El humanismo que excluye a Dios es un humanismo inhumano.* Solamente un humanismo abierto al Absoluto nos puede guiar en la promoción y realización de formas de vida social y civil —en el ámbito de las estructuras, las instituciones, la cultura y el *ethos*—, protegiéndonos del riesgo de quedar apresados por las modas del momento. La conciencia del amor indestructible de Dios es la que nos sostiene en el duro y apasionante compromiso por la justicia, por el desarrollo de los pueblos, entre éxitos y fracasos, y en la tarea constante de dar un recto ordenamiento a las realidades humanas. *El amor de Dios nos invita a salir de lo que es limitado y no definitivo, nos da valor para trabajar y seguir en busca del bien de todos*, aun cuando no se realice inmediatamente, aun cuando lo que consigamos nosotros, las autoridades políticas y los agentes económicos, sea siempre menos de lo que anhelamos.[158] Dios nos da la fuerza para luchar y sufrir por amor al bien común, porque Él es nuestro Todo, nuestra esperanza más grande.

79. *El desarrollo necesita cristianos con los brazos levantados hacia Dios* en oración, cristianos conscientes de que el amor lleno de verdad, *caritas in veritate*, del que procede el auténtico desarrollo, no es el resultado de nuestro esfuerzo sino un don. Por ello, también en los momentos más difíciles y complejos, además de actuar con sensatez, hemos de volvernos ante todo a su amor. El desarrollo conlleva atención a la vida espiritual, tener en cuenta seriamente la experiencia de fe en Dios, de fraternidad espiritual en Cristo, de confianza en la Providencia y en la Misericordia divina, de amor y perdón, de renuncia a uno mismo, de acogida del prójimo, de justicia y de paz. Todo esto es indispensable para transformar los « corazones de piedra » en « corazones de carne » (Ez 36,26), y hacer así la vida terrena más « divina » y por tanto más digna del hombre. Todo esto *es del hombre*, porque el hombre es sujeto de su existencia; y a la vez *es de Dios*, porque Dios es el principio y el fin de todo lo que tiene valor y nos redime: « el mundo, la vida, la muerte, lo presente, lo futuro. Todo es vuestro, vosotros de Cristo, y Cristo de Dios » (1 Co 3,22-23). El anhelo del cristiano es que toda la familia humana pueda invocar a Dios como « Padre nuestro ». Que junto al Hijo unigénito, todos los hombres puedan aprender a rezar al Padre y a suplicarle

111

con las palabras que el mismo Jesús nos ha enseñado, que sepamos santificarlo viviendo según su voluntad, y tengamos también el pan necesario de cada día, comprensión y generosidad con los que nos ofenden, que no se nos someta excesivamente a las pruebas y se nos libre del mal (cf. Mt 6,9-13).

Al concluir el *Año Paulino*, me complace expresar este deseo con las mismas palabras del Apóstol en su *carta a los Romanos*: « *Que vuestra caridad no sea una farsa: aborreced lo malo y apegaos a lo bueno. Como buenos hermanos, sed cariñosos unos con otros, estimando a los demás más que a uno mismo* » (12,9-10). Que la Virgen María, proclamada por Pablo VI *Mater Ecclesiae* y honrada por el pueblo cristiano como *Speculum iustitiae* y *Regina pacis*, nos proteja y nos obtenga por su intercesión celestial la fuerza, la esperanza y la alegría necesaria para continuar generosamente la tarea en favor del « *desarrollo de todo el hombre y de todos los hombres* ».[159]

Dado en Roma, junto a San Pedro, el 29 de junio, solemnidad de San Pedro y San Pablo, del año 2009, quinto de mi Pontificado.

Benedictus PP XVI

NOTAS

1. Cf. PABLO VI, Carta enc. *Populorum progressio* (26 marzo 1967), 22: AAS 59 (1967), 268; CONC. ECUM. VAT. II, Const. past. *Gaudium et spes*, sobre la Iglesia en el mundo actual, 69.

2. *Homilía para la « Jornada del desarrollo »* (23 agosto 1968): AAS 60 (1968), 626-627.

3. Cf. JUAN PABLO II, *Mensaje para la Jornada Mundial de la Paz* 2002: AAS 94 (2002), 132-140.

4. Cf. CONC. ECUM. VAT. II, Const. past. *Gaudium et spes*, sobre la Iglesia en el mundo actual, 26.

5. Cf. JUAN XXIII, Carta enc. *Pacem in terris* (11 abril 1963): AAS 55 (1963), 268-270.

6. Cf. n. 16: l.c., 265.

7. Cf. *ibíd.*, 82: l.c., 297.

8. *Ibíd.*, 42: l.c., 278.

9. *Ibíd.*, 20: l.c., 267.

10. Cf. CONC. ECUM. VAT. II, Const. past. *Gaudium et spes*, sobre la Iglesia en el mundo actual, 36; PABLO VI, Carta ap. *Octogesima adveniens* (14 mayo 1971), 4: AAS 63 (1971), 403-404; JUAN PABLO II, Carta enc. *Centesimus annus* (1 mayo 1991), 43: AAS 83 (1991), 847.

11. PABLO VI, Carta enc. *Populorum progressio*, 13: l.c., 263-264.

12. Cf. CONSEJO PONTIFICIO DE JUSTICIA Y PAZ, *Compendio de la doctrina social de la Iglesia*, n. 76.

13. Cf. *Discurso en la inauguración de la V Conferencia General del Episcopado Latinoamericano y del Caribe* (13 mayo 2007): L'Osservatore Romano, ed. en lengua española (25 mayo 2007), pp. 9-11.

14. Cf. nn. 3-5: l.c., 258-260.

15. Cf. JUAN PABLO II, Carta enc. *Sollicitudo rei socialis* (30 diciembre 1987) 6-7: AAS 80 (1988), 517-519.

16. Cf. PABLO VI, Carta enc. *Populorum progressio*, 14: l.c., 264.

17. Carta enc. *Deus caritas est* (25 diciembre 2005), 18: AAS 98 (2006), 232.

18. *Ibíd.*, 6: l.c., 222.

19. Cf. *Discurso a la Curia Romana con motivo de las felicitaciones navideñas* (22 diciembre 2005): L'Osservatore Romano, ed. en lengua española (30 diciembre 2005), pp. 9-12.

20. Cf. JUAN PABLO II, Carta enc. *Sollicitudo rei socialis*, 3: l.c., 515.

21. Cf. *ibíd.*, 1: l.c., 513-514.

22. Cf. *ibíd.*, 3: l.c., 515.

23. Cf. JUAN PABLO II, Carta enc. *Laborem exercens* (14 septiembre 1981), 3: AAS 73 (1981), 583-584.

24. Cf. ID., Carta enc. *Centesimus annus*, 3: l.c., 794-796.

25. Cf. Carta enc. *Populorum progressio*, 3: l.c., 258.

26. Cf. *ibíd.*, 34: l.c., 274.

27. Cf. nn. 8-9: AAS 60 (1968), 485-487; BENEDICTO XVI, *Discurso a los participantes en el Congreso Internacional con ocasión del 40 aniversario de la encíclica « Humanae vitae »* (10 mayo 2008): L'Osservatore Romano, ed. en lengua española (16 mayo 2008), p. 8.

28. Cf. JUAN PABLO II, Carta enc. *Evangelium vitae* (25 marzo 1995), 93: AAS 87 (1995), 507-508.

29. *Ibíd.*, 101: l.c., 516-518.

30. N. 29: *AAS* 68 (1976), 25.

31. *Ibíd.*, 31: l.c., 26.

32. Cf. JUAN PABLO II, Carta enc. *Sollicitudo rei socialis*, 41: l.c., 570-572.

33. *Ibíd.*; ID., Carta enc. *Centesimus annus*, 5. 54: l.c., 799. 859-860.

34. N. 15: l.c., 265.

35. Cf. *ibíd.*, 2: l.c., 258; LEÓN XIII, Carta enc. *Rerum novarum* (15 mayo 1891): *Leonis XIII P.M. Acta*, XI, Romae 1892, 97-144; JUAN PABLO II, Carta enc. *Sollicitudo rei socialis*, 8: l.c., 519-520; ID., Carta enc. *Centesimus annus*, 5: l.c., 799.

36. Cf. Carta enc. *Populorum progressio*, 2. 13: l.c., 258. 263-264.

37. *Ibíd.*, 42: l.c., 278.

38. *Ibíd.*, 11: l.c., 262; JUAN PABLO II, Carta enc. *Centesimus annus*, 25: l.c., 822-824.

39. Carta enc. *Populorum progressio*, 15: l.c., 265.

40. *Ibíd.*, 3: l.c., 258.

41. *Ibíd.*, 6: l.c., 260.

42. *Ibíd.*, 14: l.c., 264.

43. *Ibíd.*; cf. JUAN PABLO II, Carta enc. *Centesimus annus*, 53-62: l.c., 859-867; ID., Carta enc. *Redemptor hominis* (4 marzo 1979), 13-14: AAS 71 (1979), 282-286.

44. Cf. PABLO VI, Carta enc. *Populorum progressio*, 12: l.c., 262-263.

45. CONC. ECUM. VAT. II, Const. past. *Gaudium et spes*, sobre la Iglesia en el mundo actual, 22.

46. PABLO VI, Carta enc. *Populorum progressio*, 13: l.c., 263-264.

47. Cf. *Discurso a los participantes en la IV Asamblea Eclesial Nacional Italiana* (19 octubre 2006): L'Osservatore Romano, ed. en lengua española (27 octubre 2006), pp. 8-10.

48. Cf. PABLO VI, Carta enc. *Populorum progressio*, 16: l.c., 265.

49. *Ibíd.*

50. *Discurso en la ceremonia de acogida de los jóvenes* (17 julio 2008): L'Osservatore Romano, ed. en lengua española (25 julio 2008), pp. 4-5.

51. PABLO VI, Carta enc. *Populorum progressio*, 20: l.c., 267.

52. *Ibíd.*, 66: l.c., 289-290.

53. *Ibíd.*, 21: l.c., 267-268.

54. Cf. nn. 3. 29. 32: l.c., 258. 272. 273.

55. Cf. Carta enc. *Sollicitudo rei socialis*, 28: l.c., 548-550.

56. PABLO VI, Carta enc. *Populorum progressio*, 9: l.c., 261-262.

57. Cf. Carta enc. *Sollicitudo rei socialis*, 20: l.c., 536-537.

58. Cf. Carta enc. *Centesimus annus*, 22-29: l.c., 819-830.

59. Cf. nn. 23. 33: l.c., 268-269. 273-274.

60. Cf. l.c., 135.

61. CONC. ECUM. VAT. II, Const. past. *Gaudium et spes*, sobre la Iglesia en el mundo actual, 63.

62. Cf. JUAN PABLO II, Carta enc. *Centesimus annus*, 24: l.c., 821-822.

63. Cf. ID., Carta enc. *Veritatis splendor* (6 agosto 1993), 33. 46. 51: AAS 85 (1993), 1160. 1169-1171. 1174-1175; ID., *Discurso a la Asamblea General de la Organización de las Naciones Unidas* (5 octubre 1995), 3: L'Osservatore Romano, ed. en lengua española (13 octubre 1995), p. 7.

64. Cf. Carta enc. *Populorum progressio*, 47: l.c., 280-281; JUAN PABLO II, Carta enc. *Sollicitudo rei socialis*, 42: l.c., 572-574.

65. Cf. *Mensaje con ocasión de la Jornada Mundial de la Alimentación* 2007: AAS 99 (2007), 933-935.

66. Cf. JUAN PABLO II, Carta enc. *Evangelium vitae*, 18. 59. 63-64: l.c., 419-421. 467-468. 472-475.

67. Cf. *Mensaje para la Jornada Mundial de la Paz* 2007, 5: L'Osservatore Romano, ed. en lengua española (15 diciembre 2006), p. 5.

68. Cf. JUAN PABLO II, *Mensaje para la Jornada Mundial de la Paz 2002*, 4-7. 12-15: AAS 94 (2002), 134-136. 138-140; ID., *Mensaje para la Jornada Mundial de la Paz 2004*, 8: AAS 96 (2004), 119; ID., *Mensaje para la Jornada Mundial de la Paz 2005*, 4: AAS 97 (2005), 177-178; BENEDICTO XVI, *Mensaje para la Jornada Mundial de la Paz 2006*, 9-10: AAS 98 (2006), 60-61; ID., *Mensaje para la Jornada Mundial de la Paz 2007*, 5. 14: l.c., 5-6.

69. Cf. JUAN PABLO II, *Mensaje para la Jornada Mundial de la Paz 2002*, 6: l.c., 135; BENEDICTO XVI, *Mensaje para la Jornada Mundial de la Paz 2006*, 9-10: l.c., 60-61.

70. Cf. *Homilía durante la Santa Misa en la explanada de « Isling » de Ratisbona* (12 septiembre 2006): L'Osservatore Roma-no, ed. en lengua española (22 septiembre 2006), pp. 9-10.

71. Cf. Carta enc. *Deus caritas est*, 1: l.c., 217-218.

72. JUAN PABLO II, Carta enc. *Sollicitudo rei socialis*, 28: l.c., 548-550.

73. PABLO VI, Carta enc. *Populorum progressio*, 19: l.c., 266-267.

74. *Ibíd.*, 39: l.c., 276-277.

75. *Ibíd.*, 75: l.c., 293-294.

76. Cf. Carta enc. *Deus caritas est*, 28: l.c., 238-240.

77. JUAN PABLO II, Carta enc. *Centesimus annus*, 59: l.c., 864.

78. Cf. Carta enc. *Populorum progressio*, 40. 85: l.c., 277. 298-299.

79. *Ibíd.*, 13: l.c., 263-264.

80. Cf. JUAN PABLO II, Carta enc. *Fides et ratio* (14 septiembre 1998), 85: AAS 91 (1999), 72-73.

81. Cf. *ibíd.*, 83: l.c., 70-71.

82. *Discurso en la Universidad de Ratisbona* (12 septiembre 2006): L'Osservatore Romano, ed. en lengua española (22 septiembre 2006), pp. 11-13.

83. Cf. PABLO VI, Carta enc. *Populorum progressio*, 33: l.c., 273-274.

84. JUAN PABLO II, *Mensaje para la Jornada Mundial de la Paz 2000*, 15: AAS 92 (2000), 366.

85. *Catecismo de la Iglesia Católica*, 407; cf. JUAN PABLO II, Carta enc. *Centesimus annus*, 25: l.c., 822-824.

86. Cf. Carta enc. *Spes salvi* (30 noviembre 2007), 17: AAS 99 (2007), 1000.

87. Cf. *ibíd.*, 23: l.c., 1004-1005.

88. San Agustín explica detalladamente esta enseñanza en el diálogo sobre el libre albedrío (De *libero arbitrio* II 3, 8 ss.). Señala la existencia en el alma humana de un « sentido interior ». Este sentido consiste en una acción que se realiza al margen de las funciones normales de la razón, una acción previa a la reflexión y casi instintiva, por la que la razón, dándose cuenta de su condición transitoria y falible, admite por encima de ella la existencia de algo externo, absolutamente verdadero y cierto. El nombre que San Agustín asigna a veces a esta verdad interior es el de Dios (*Confesiones* X, 24, 35; XII, 25, 35; *De libero arbitrio* II 3, 8), pero más a menudo el de Cristo (*De Magistro* 11, 38; *Confesiones* VII, 18, 24; XI, 2, 4).

89. Carta enc. *Deus caritas est*, 3: l.c., 219.

90. Cf. n. 49: l.c., 281.

91. JUAN PABLO II, Carta enc. *Centesimus annus*, 28: l.c., 827-828.

92. Cf. n. 35: l.c., 836-838.

93. Cf. JUAN PABLO II, Carta enc. *Sollicitudo rei socialis*, 38: l.c., 565-566.

94. N. 44: l.c., 279.

95. Cf. *ibíd.*, 24: l.c., 269.

96. Cf. Carta enc. *Centesimus annus*, 36: l.c., 838-840.

97. Cf. PABLO VI, Carta enc. *Populorum progressio*, 24: l.c., 269.

98. Cf. JUAN PABLO II, Carta enc. *Centesimus annus*, 32: l.c., 832-833; PABLO VI, Carta enc. *Populorum progressio*, 25: l.c., 269-270.

99. JUAN PABLO II, Carta enc. *Laborem exercens*, 24: l.c., 637-638.

100. *Ibíd.*, 15: l.c., 616-618.

101. Carta enc. *Populorum progressio*, 27: l.c., 271.

102. Cf. CONGREGACIÓN PARA LA DOCTRINA DE LA FE, Instr. *Libertatis conscientia, sobre la libertad cristiana y la liberación* (22 marzo 1987), 74: AAS 79 (1987), 587.

103. Cf. JUAN PABLO II, *Entrevista* al periódico « La Croix », 20 de agosto de 1997.

104. JUAN PABLO II, *Discurso a la Pontificia Academia de las Ciencias Sociales* (27 abril 2001): AAS 93 (2001), 598-601.

105. PABLO VI, Carta enc. *Populorum progressio*, 17: l.c., 265-266.

106. Cf. JUAN PABLO II, *Mensaje para la Jornada Mundial de la Paz 2003*, 5: AAS 95 (2003), 343.

107. Cf. *ibíd.*

108. Cf. *Mensaje para la Jornada Mundial de la Paz 2007*, 13: l.c., 6.

109. PABLO VI, Carta enc. *Populorum progressio*, 65: l.c., 289.

110. Cf., *ibíd.*, 36-37: l.c., 275-276.

111. Cf. *ibíd.*, 37: l.c., 275-276.

112. Cf. CONC. ECUM. VAT. II, Decr. *Apostolicam actuositatem*, sobre el apostolado de los laicos, 11.

113. Cf. PABLO VI, Carta enc. *Populorum progressio*, 14: l.c., 264; JUAN PABLO II, Carta enc. *Centesimus annus*, 32: l.c., 832-833.

114. PABLO VI, Carta enc. *Populorum progressio*, 77: l.c., 295.

115. Cf. JUAN PABLO II, *Mensaje para la Jornada Mundial de la Paz 1990*, 6: AAS 82 (1990), 150.

116. HERÁCLITO DE ÉFESO (Éfeso 535 a.C. ca. — 475 a.C. ca.), *Fragmento* 22B124, en: H. DIELS — W. KRANZ, *Die Fragmente der Vorsokratiker, Weidmann, Berlín* 1952.

117. Cf. CONSEJO PONTIFICIO DE JUSTICIA Y PAZ, *Compendio de la doctrina social de la Iglesia*, nn. 451-487.

118. Cf. JUAN PABLO II, *Mensaje para la Jornada Mundial de la Paz 1990*, 10: l.c., 152-153.

119. PABLO VI, Carta enc. *Populorum progressio*, 65: l.c., 289.

120. *Mensaje para la Jornada Mundial de la Paz 2008*, 7: AAS 100 (2008), 41.

121. Cf. *Discurso a los miembros de la Asamblea General de la Organización de las Naciones Unidas* (18 abril 2008): L'Osservatore Romano, ed. en lengua española (25 abril 2008), pp. 10-11.

122. Cf. JUAN PABLO II, *Mensaje para la Jornada Mundial de la Paz 1990*, 13: l.c., 154-155.

123. ID., Carta enc. *Centesimus annus*, 36: l.c., 838-840.

124. *Ibíd.*, 38: l.c., 840-841; cf. BENEDICTO XVI, *Mensaje para la Jornada Mundial de la Paz 2007*, 8: l.c., 6.

125. Cf. JUAN PABLO II, Carta Enc. *Centesimus annus*, 41: l.c., 843-845.

126. *Ibíd.*

127. Cf. ID., Carta Enc. *Evangelium vitae*, 20: l.c., 422-424.

128. Carta Enc. *Populorum progressio*, 85: l.c., 298-299.

129. Cf. JUAN PABLO II, *Mensaje para la Jornada Mundial de la Paz 1998*, 3: AAS 90 (1998), 150; ID., *Discurso a los Miembros de la Fundación « Centesimus Annus » pro Pontífice* (9 mayo 1998), 2: L'Osservatore Romano, ed. en lengua española (22 mayo 1998), p. 6; ID., *Discurso a las autoridades y al Cuerpo diplomático durante el encuentro en el « Wiener Hofburg »* (20 junio 1998), 8: L'Osservatore Romano, ed. en lengua española (26 junio 1998), p. 10; ID., *Mensaje al Rector Magnífico de la Universidad Católica del Sagrado Corazón* (5 mayo 2000), 6: L'Osservatore Romano, ed. en lengua española (26 mayo 2000), p. 3.

130. Según Santo Tomás « ratio partis contrariatur rationi personae » en III *Sent* d. 5, 3, 2; también: « Homo non ordinatur ad communitatem politicam secundum se totum et secundum omnia sua » en *Summa Theologiae*, I-II, q. 21, a. 4., ad 3um.

131. Cf. CONC. ECUM. VAT. II, Const. dogm. *Lumen gentium*, sobre la Iglesia,

132. Cf. JUAN PABLO II, *Discurso a la IV sesión pública de las Academias Pontificias* (8 noviembre 2001), 3: L'Osservatore Romano, ed. en lengua española (16 noviembre 2001), p. 7.

133. Cf. CONGREGACIÓN PARA LA DOCTRINA DE LA FE, Declaración *Dominus Iesus*, sobre la unicidad y la universalidad salvífica de Jesucristo y de la Iglesia (6 agosto 2000), 22: AAS 92 (2000), 763-764; ID., *Nota doctrinal sobre algunas cuestiones relativas al compromiso y la conducta de los católicos en la vida política* (24 noviembre 2002), 8: AAS 96 (2004), 369-370.

134. Carta Enc. *Spe salvi*, 31: l.c., 1010; cf. *Discurso a los participantes en la IV Asamblea Eclesial Nacional Italiana* (19 octubre 2006): l.c., 8-10.

135. JUAN PABLO II, Carta Enc. *Centesimus annus*, 5: l.c., 798-800; cf. BENEDICTO XVI, *Discurso a los participantes en la IV Asamblea Eclesial Nacional Italiana* (19 octubre 2006): l.c., 8-10.

136. N. 12.

137. Cf. PÍO XI, Carta enc. *Quadragesimo anno* (15 mayo 1931): AAS 23

(1931), 203; JUAN PABLO II, Carta enc. *Centesimus annus*, 48: l.c., 852-854; *Catecismo de la Iglesia Católica*, 1883.

138. Cf. JUAN XXIII, Carta enc. *Pacem in terris*: l.c., 274.

139. Cf. PABLO VI, Carta Enc. *Populorum progressio*, 10. 41: l.c., 262. 277-278.

140. Cf. *Discurso a los participantes en la sesión plenaria de la Comisión Teológica Internacional* (5 octubre 2007): L'Osservatore Romano, ed. en lengua española (12 octubre 2007), p. 3; *Discurso a los participantes en el Congreso Internacional sobre « La ley moral natural » organizado por la Pontificia Universidad Lateranense* (12 febrero 2007): L'Osservatore Romano, ed. en lengua española (16 febrero 2007), p. 3.

141. Cf. *Discurso a los Obispos de Tailandia en visita « ad limina apostolorum »* (16 mayo 2008): L'Osservatore Romano, ed. en lengua española (30 mayo 2008), p. 14.

142. Cf. PONTIFICIO CONSEJO PARA LA PASTORAL DE LOS EMIGRANTES E ITINERANTES, Instr. *Erga migrantes caritas Christi* (3 mayo 2004): AAS 96 (2004), 762-822.

143. V JUAN PABLO II, Carta enc. *Laborem exercens*, 8: l.c., 594-598.

144. *Jubileo de los Trabajadores. Saludos después de la Misa* (1 mayo 2000): L'Osservatore Romano, ed. en lengua española (5 mayo 2000), p. 6.

145. Cf. JUAN PABLO II, Carta enc. *Centesimus annus*, 36: l.c., 838-840.

146. Cf. *Discurso a los Miembros de la Asamblea General de la Organización de las Naciones Unidas* (18 abril 2008): l.c., 10-11.

147. Cf. JUAN XXIII, Carta enc. *Pacem in terris*: l.c., 293; CONSEJO PONTIFICIO JUSTICIA Y PAZ, *Compendio de la doctrina social de la Iglesia*, n. 441.

148. Cf. CONC. ECUM. VAT. II, Const. past. *Gaudium et spes*, sobre la Iglesia en el mundo actual, 82.

149. Cf. JUAN PABLO II, Carta enc. *Sollicitudo rei socialis*, 43: l.c., 574-575.

150. PABLO VI, Carta enc. *Populorum progressio*, 41: l.c., 277-278; cf. CONC. ECUM. VAT. II, Const. past, *Gaudium et spes*, sobre la Iglesia en el mundo actual, 57.

151. Cf. JUAN PABLO II, Carta enc. *Laborem exercens*, 5: l.c., 586-589.

152. Cf. PABLO IV, Carta apost. *Octogesima adveniens*, 29: l.c., 420.

153. Cf. *Discurso a los participantes en el IV Asamblea Eclesial Nacional Italiana*, (19 octubre 2006): l.c., 8-10; *Homilía durante la Santa Misa en la explanada de « Isling » de Ratisbona* (12 septiembre 2006): l.c., 9-10.

154. Cf. CONGREGACIÓN PARA LA DOCTRINA DE LA FE, Instr. *Dignitas personae* sobre algunas cuestiones de bioética (8 septiembre 2008): AAS 100 (2008), 858-887.

155. Cf. Carta enc. *Populorum progressio*, 3: l.c., 258.

156. CONC. ECUM. VAT. II, Const. past. *Gaudium et spes*, sobre la Iglesia en el mundo actual, 14.

157. Cf. n. 42: l.c., 278.

158. Cf. Carta enc. *Spe salvi*, 35: l.c., 1013-1014.

159. PABLO VI, Carta enc. *Populorum progressio*, 42: l.c., 278.

ÍNDICE

Se terminó de imprimir en los talleres de
EDICIONES PAULINAS, S.A. de C. V.
Av. Taxqueña No. 1792 - Delg. Coyoacán - 04250
México, D.F., 10 Julio de 2009. Se imprimieron
3,000 ejms. más sobrantes para reposición.